青少年综合素质培养课

青少年

品质培养课

善良

杜兴东 编著

全球经典的品质培养成长书系之一

你的人生第一课

北京出版集团
北京出版社

图书在版编目（CIP）数据

青少年品质培养课．善良／杜兴东编著．—— 北京：
北京出版社，2014.1
（青少年综合素质培养课）
ISBN 978 - 7 - 200 - 10291 - 8

Ⅰ．①青… Ⅱ．①杜… Ⅲ．①青少年教育—品德教育
Ⅳ．①D432.62

中国版本图书馆 CIP 数据核字（2013）第 282795 号

青少年综合素质培养课
青少年品质培养课　善良
QING-SHAONIAN PINZHI PEIYANGKE　SHANLIANG

杜兴东　编著

*

北 京 出 版 集 团
北 京 出 版 社　出版

（北京北三环中路 6 号）
邮政编码：100120

网　址：www．bph．com．cn
北 京 出 版 集 团 总 发 行
新 华 书 店 经 销
三河市同力彩印有限公司印刷

*

787 毫米×1092 毫米　16 开本　12 印张　170 千字
2014 年 1 月第 1 版　2023 年 2 月第 4 次印刷
ISBN 978 - 7 - 200 - 10291 - 8
定价：32.00 元
如有印装质量问题，由本社负责调换
质量监督电话：010 - 58572393
责任编辑电话：010 - 58572303

前 言

一座城市来了一个马戏团。8 个 12 岁以下的孩子穿着干净的衣裳，手牵着手排队在父母的身后，等候买票。他们不停地谈论着上演的节目，好像他们就要骑上大象在舞台上表演似的。

终于轮到他们了，售票员问要多少张票，父亲神气地回答："请给我 8 张小孩的、2 张大人的。"

售票员说出了价格。

母亲的心颤了一下。转过头把脸垂了下来。父亲咬了咬唇，又问："你刚才说的是多少钱？"

售票员又报了一次价。

父亲眼里透着痛楚的目光。他实在不忍心告诉他身旁兴致勃勃的孩子们：我们的钱不够！

一位排队买票的男士目睹了这一切。他悄悄地把手伸进口袋，把一张 20 元的钞票拿出来，让它掉到地上。然后，他蹲下去，捡起钞票，拍拍那个父亲的肩膀说："对不起，先生，你掉了钱。"父亲回过头，明白了原因。他眼眶一热，紧紧地握住男士的手。因为在他心碎、困窘的时刻帮了他的忙："谢谢，先生。这对我和我的家庭意义重大。"

有时候，一个发自仁慈与爱的小小善行，会铸就大爱的人生舞台。

　　善待社会，善待他人，并不是一件复杂、困难的事，只要心中常怀善念，生活中小小的善行，不过是举手之劳，却能给予别人很大的帮助，何乐而不为呢？给迷途者指路，向落难者伸出援助之手，真心祝贺他的成功，真诚鼓励失意的朋友，等等，看似微不足道的举动，却能给别人带去力量，给自己带来付出的快乐和良心的安宁。

　　一位哲学家问他的学生们："世界上最可爱的东西是什么？"学生听了，便争先恐后地站起来回答。最后一个学生回答道："世界上最可爱的东西，是善。"那哲学家说："的确，你所说的'善'这个字中包含了他们所有的答案。因为善良的人，对于自己，他能够自安自足；对于别人，他则是一个良好的伴侣，可亲的朋友。"

　　善良、诚恳、坦率、慷慨，都是宝贵的财富，这种财富要比千万的家产有价值得多。而且有这种财富的人，没有一分钱的资本，也能作出伟大的事业。

　　如果一个人能够大彻大悟、尽力去为他人服务，他的生命将来也必定有惊人的发展。人生的美德没有再比善良来得更宝贵了。

　　给别人以帮助和鼓励，自己不但不会有损失，反而会有所收获。通常，一个人给他人的帮助和鼓励越多，从他人那儿得到的收获也就越多。而那种吝啬的人，对他人不表同情、不予赞助的人，无异使自己陷于孤独无助的境地。有时说几句鼓励的话，就可以造就许多的成功者，也大大有利于世界。

　　世界上到处有着给那些爱人者、助人者建立的纪念碑，如果这纪念碑不是用大理石或古铜建成的，那么就是建立在他人的心中，尤其是被受助者和被感动者的心中。如此说来，善良能给予人们莫大的收获。

如果人人都能以善心待人，世间便会少很多纷争，多很多关爱；如果一个人能够大彻大悟、尽力去为他人服务，他的人生将来也必定有惊人的发展。

目　录

第一章

善良，开启人生真谛的钥匙

在心中种下善良的种子

孩子乐于接受任何人的亲近，任何人也都难以拒绝一个孩子的亲近。

因为孩子总是带来阳光。他端坐在房间里时，即使屋外雷雨大作，房间里也是一派温馨的景象；他奔跑在花园里，就像是一个花仙子在传播爱和美的真谛。尽管有时，他会把小草踩得东倒西歪，可他的心里的确盛满了爱，他总是把他的爱迫不及待地传递给每一个他所能遇到的人。

他不会嘲笑那个走路跛脚的老奶奶；看到小伙伴们打针时痛苦的样子，他也会止不住流泪或是放声大哭。

这样的善良，不是一件好事吗？

一个人做了很严重的错事，令他在家人面前无地自容，他吃饭的时候默默地低着头，说话的时候声音只能够让自己听见，走路的时候小心翼翼不敢碰到任何东西。可是如果这时，这个家里突然有一个孩子造访，情况就会大有改观了。孩子用美和善的眼睛打量着他看到的每一个人，他会亲昵地坐到那个人的腿上，让那个人给自己讲有趣的故事；他会搬来所有的玩具，叫来每一个人加入自己的游戏。看起来，他像个宽容而胸有成竹的领袖人物，善于挖掘每一个人的优点，成全自己的同时，也让大家其乐融融。

面临分离时，他号啕大哭，让身边的亲人既放不下，又体会到一种被牵挂的幸福；和久未谋面的人重逢时，他会毫无保留地送上甜蜜和热情的拥抱，让人立刻感受到宾至如归的温暖。看吧，孩子的心地就是这样的美丽、单纯。

孩子的身体是柔弱的，可他的心灵又是那样的坚强。当他受了伤，一家人都为他的伤痛揪心的时候，他会立刻抹去泪水，反过来安慰为他垂泪的大人。

你曾给予他的任何小小的帮助，他都会记在心上，但凡有机会，他都会努力回报；要是你不小心说错了话，或是伤害了他，前一秒他还对你怒目而视，下一秒他又会尽释前嫌，和你重归于好。因为孩子，这个世界总是充满着简单与和谐。

他喜怒无常，他又那样的宽容豁达；他任性顽皮，他又那样的热情真诚。当他看着别人的眼睛，总能从那里看到一个小小的孩子的身影。

如果你在成长的过程中，不小心遗漏了一粒善良的种子，想想你更小的时候的模样，再把善良种回到你的心里吧。善良是伴我们成长的最大智慧，因为它教我们学会用一双美丽的眼睛打量世界。许多时候世界是什么样的，完全在于我们如何看待。把善良的种子植入心里，我们周遭的世界也将会变得暖意融融。

延伸爱的链条

　　每个善良的孩子都希望自己是天使，而事实上我们都只挥着一只翅膀，需要相互的扶持才能飞向更远的地方。不知什么时候，我们带给别人的爱，又会挥着快乐和幸运的翅膀飞回到我们身旁。

　　前面收垃圾的那个爷爷不小心把一个易拉罐落下了，你把它捡起来送还给爷爷。看到爷爷露出开心的笑容，你的心情快乐得是不是就像刚吃下一颗甜蜜的糖果？再看看这街道，是不是觉得它的干净也有你的一份功劳？每次你为别人付出的爱，都会为这个世界增添一抹春光，而你，也是观赏春光并置身其中的那个人啊！

　　爱，常常就是以这样的方式传递。

　　有一个关于爱的故事，不知道你有没有听过。

　　在一条乡间公路上，乔依开着他那辆破汽车慢慢前行。他工作的工厂在前不久倒闭了，他的心情很糟糕。天快黑了，还刮着寒风，下着雪。

　　突然，他看见前面路边有一位老妇人在冷风中发抖。

　　原来她的车胎瘪了。

　　乔依让她坐进车里，然后帮她修车。为了干活方便，他摘下了破手套，两只手冻得几乎失去知觉。他喘着粗气，清水鼻涕也流下来了。他的手蹭破了，也顾不上擦流出的血。当他干完活时，两只手上沾满了油污，衣服也更脏了。

　　老妇人摇下车窗，满脸感激地对他说，她在这个偏僻的地方已经等了一个多小时了，又冷又怕，几乎完全绝望了。

老妇人一边打开钱包一边问："我该给你多少钱？"

乔依愣住了，他从没想过他应该得到钱的回报。他以前在困难的时候也常常得到别人的帮助，所以他从来都认为帮助有困难的人是一件天经地义的事，他一直就是这么做的。

乔依笑着对老妇人说："如果您遇上一个需要帮助的人，就给他一点帮助吧。"

老妇人开着车来到了一个小餐馆，她打算吃点儿东西，然后回家。店主是一位年轻的女人，她热情地送上一条雪白的毛巾，让老妇人擦干头发上的雪水。老妇人感到心里很舒服。她发现这位女店主很疲劳，更重要的是，女店主怀了小宝宝。老妇人突然想起了乔依。

老妇人用完餐，付了钱。当女店主把找回的钱交给她时，发现她已经不在了。只见餐桌上有一个小纸包，里面装着一些钱，还有一张纸条，上面写着："在我困难的时候，有人帮助了我。现在我也想帮帮你。"女店主感动地哭了起来。

她回到家，发现丈夫不知什么时候已经倒在床上睡着了。她不忍心叫醒他。他为了找工作，已经快急疯了。她轻轻地亲吻着丈夫那粗糙的脸颊，喃喃地说："一切都会好起来的，亲爱的乔依……"

你看，世界真的很小，我们的爱就可以把它填满。我们给别人的爱，不知道什么时候就回到了我们身边。

生活是一面镜子，当你笑脸相迎，你所遇到的便也是笑脸；当你手捧阳光递给他人，最先感受到温暖的是你自己。如果你吝啬自己的温暖而不肯给别人，那么最后感到寒冷的可能就是你自己。

你知道那个小气的麦农的故事吗？

一天，他从远方带来一批珍贵的大麦种子。邻里向他讨要，他却拒绝了。

他想，要是谁都种这种麦子，那它还稀奇吗？

秋天很快就来了，他的麦子却连普通的都不如。

他慌了，去请教一个老农。

老农说："这么珍贵的种子，让谁家的麦子去配呢？"

精明的麦农犯了个愚蠢的错误。他忘记了，只有大家的麦子都好了，他才能够收获优质的麦子。

所以，请善待他人，就像善待自己那样。在寒冷的季节里最先递出你的手给别人，那时，你会发现你们是在相互取暖，而你的身边，不知何时已经春意融融。

善良是快乐的源泉

　　快乐真是一样奇怪的东西，你到处寻找，它未必肯在你的身边停留；而在你将快乐带给别人的瞬间，它又会立刻充满你的心房。

　　这就是善良的人常常会收获快乐的原因。

　　当你在街上走过，看到衣衫破烂、面黄肌瘦的流浪儿坐在路边，你把自己仅有的零用钱全都掏出来递到他的手上时；当你扶一位行动不便的老奶奶过马路时，你能看到他们眼中闪烁着的快乐和幸福吗？那快乐是不是眨眼的工夫就又传递到了你自己的心上呢？你会愉快地想：这个可怜的流浪儿可以用那些钱填饱肚子，那个走路颤巍巍的老奶奶可以安全地到家了！祝贺你！这时你便找到了快乐！这快乐胜过任何一辆玩具汽车或一个变形金刚所能带给你的惊喜，因为这快乐是你自己创造的，它会永远留在你和那个流浪儿还有老奶奶的心上，成为一份共同的美好回忆。

　　下面是一个守墓人亲身经历的故事。它告诉我们：快乐不需探寻，若以爱待人，旋即得之。

　　每周，守墓人都会收到一位素不相识的妇人的来信，信中附着钞票，要他每周帮她在儿子的墓地前放束鲜花，这样的状况持续了很多年。

　　有一天，一辆小车开来停在公墓大门口，司机匆匆来到守墓人的小屋，说："夫人在门口的车上，她病得走不动了，请你去一下。"

　　守墓人来到门口，一位上了年纪的妇人坐在车上，表情有几分高贵，但眼神哀伤，毫无光彩。她怀抱着一大束鲜花。

"我就是鲁比夫人。"她说，"这几年我每个礼拜给你寄钱，买花给我的儿子……"

"我一次也没忘了放花，夫人。"

"今天我亲自来，"鲁比夫人温存地说，"是因为医生说我活不了几个礼拜了。死了倒好，活着也没意思了。我只是想再看一眼我的儿子，亲手来放一些花。"守墓人眨着眼睛，苦笑了一下，决定再讲几句："夫人，这几年您常寄钱来买花，我总觉得可惜。"

"可惜?"

"鲜花搁在那儿，几天就干了。没人闻，没人看，太可惜了!"

"你真的这么想的?"

"是的，夫人，您别见怪。我是想起自己常去的敬老院，那儿的人可爱花了。他们爱看花，爱闻花。那儿都是活人，可这墓里哪个人是活着的?"

老妇人没有作声。她只是小坐了一会儿，默默地祷告了一阵，没留话便走了。守墓人后悔自己的一番话太直率、太欠考虑，只怕她受不了。

可是几个月后，这位老妇人又忽然来访，把守墓人惊得目瞪口呆：她这回是自己开车来的。

老妇人微笑着，显得很开心："我把花送给那里的人们了。他们看到花是那么高兴，这真让我感到快乐! 我的病也好转了，医生都不明白怎么回事，可是我自己明白。"

老妇人的病是怎么好的，你想到答案了吗?

鲜花是爱和美的使者，如果能用鲜花给孤独的人带去一些快乐和问候，这份美丽立刻会成为快乐的源泉。那个老妇人把对儿子的爱带给了更多活着的生命，更多人因此而生的快乐又融化了她心头的悲伤，带给她生活的希望和快乐的力量，让她的生命再次焕发出青草般的勃勃生机。

善良真是一样好东西，是不是？有时比灵丹妙药还管用呢！用善良浇灌的生活，会像鲜花一样绽放，而你的快乐，就是那弥漫在空气中的花香。

所以，当你在苦恼没有人关心，没有人能带给你快乐和希望的时候，想想你能为自己的快乐做些什么吧，试试自己去创造快乐。如果你是一个善良的孩子，你就一定知道该怎么做。

好运总爱垂青善良的人

　　运气似乎是可以不劳而获的，总是"踏破铁鞋无觅处，得来全不费工夫"。好像只要它高兴，随时都可以来，而不知道什么时候，它又不见了。所以，每当别人获得了成功，我们往往不会去夸那个人，付出了什么努力，而只是羡慕他的好运。但是要知道，有很多时候，好运气可不是凭空就来的，它总是跟在善良的后面。

　　善良的人，总是很乐意与周围的人结交，真心地对待别人，别人自然有什么事都乐意与他分享，遇到事情，也乐意帮忙。只是有些人把那些来自并不熟悉的人的善意称为"好运"。生活中愿意和他相处的人多了，碰见好运的机会自然也就多了。

　　善良的心，可能在你不知道的时候就悄悄地为你铺好了通往好运的路。听听下面这个故事吧。

　　杰克刚刚下岗了，心情很糟糕，他知道自己必须振作起来，但是一时很难找到工作。

　　每天早晨，他都会去公园散步。公园里有很多从附近社区来的老年人，杰克知道他们很寂寞，就常常和他们聊天，有时他们家里有什么事也去帮帮忙。慢慢地，彼此就熟了。

　　有个五六十岁的男子，每天都来得很早，离开得也很早。杰克想他一定是去工作了。每次想到这里，再想想自己的处境，杰克心里就一阵失落。

　　有一天，那个男子却没有急着走，而是留了下来。正当杰克准备走的时候，那个男子迎了上来，说要找他谈谈。杰克觉得有些奇怪，但还是答应了。

那个男子问："你来这公园多久了？"

杰克回答："快两个月了。"

"那你和这些老人相互都很了解，对吗？"

杰克点点头："是的，他们是我的好朋友。我从他们那里也学到了不少东西。"

那人又说："如果我没猜错，你现在没有工作吧？"

杰克迟疑了一下，点头说："是的，但我在努力找。"

那个人笑起来："下次你能带一份简历给我吗？"

原来这是一家大公司的负责人，要在这附近的小区开办一个老年人俱乐部，需要一个管理人。他经过一番调查，与老人们交谈后，发现杰克是他们一致喜欢的年轻人。

和老人们聊聊天就得到了一份工作，是不是太幸运了？其实，是杰克用自己的善举为自己赢得了工作的机会。杰克对周围人的热情和友好，使得大家都相信他是一个好青年，因此愿意帮助他。当那个负责人去询问老人们的意见时，他们才不约而同地选择了杰克。

运气看上去是个捉摸不定的东西，来无影，去无踪，谁也不知道该做什么才能让自己有好运气，也想不通有一天好运怎么就找上自己了。其实，好运气是一只嗅觉很灵敏的狗，哪里有善良，它可能就跟着来了。

不善良的孩子，就像长弯的小树

你知道为什么路边那么多树都站得笔直笔直的吗？因为它们是在向着天空生长。你知道为什么会这样吗？你知道为什么那么多孩子喜欢天空吗？因为那里有太阳、有月亮、有星星，它们都那么善良。太阳伯伯烘干我们湿淋淋的衣服，月亮阿姨在夜里给我们点亮光明的灯，还有那么多一闪一闪的调皮的小星星，它们总是给迷途的人引路。它们时时刻刻都在照顾我们呢！所以，那些小树们，都在努力地生长，希望有一天，也能站在空中。但是，偶尔也会发现有些树歪歪扭扭的，不再有生气。其实每个孩子都是一棵小树，原本都是向着天空生长的，只是有的在中途忘记了自己当初前进的方向。

你的同学是不是想拉着你一同去嘲笑那个捡垃圾的老爷爷？是不是想让你和他一样用小石子丢那些可怜的流浪狗？很高兴你没有去，因为你守住了心中的善念。不要为他们不再理你而感到委屈，因为你并没有做错，是他们走错了路，就像路边那棵小树，不再向天空生长，而是弯曲的了。你担心他们会一直这样下去？你真是个善良的孩子，不用担心，等他们慢慢长大，渐渐地就会明白善良的可贵，并为自己当初的无知与鲁莽而后悔了。你看，路边的小树就算中间有一段是歪歪扭扭的，但最终，还是向着天空的方向啊！

给你讲个故事吧，是关于一个原先不懂善良的孩子的故事。

大院里面的一群孩子总是嘲笑一只脚有些跛的男孩小毛，笑得最大声的是马小军。他们虽然是同班同学，却从不一起玩。马小军还总是带着别人跟在小毛后面，学他一瘸一拐走路的样子。小毛很伤心。

一次，班级组织活动去山上郊游，孩子们都很兴奋，在山上跑来跑去。

带队的老师刚好要去山下领件东西，就让班长看好全班同学别走散了。

班长让大家集合，不许随便乱走。小军才不听班长的话呢，他看到有棵树特别粗壮，一高兴，脱了鞋子就噌噌地往上爬，爬到一棵大枝丫上，还手舞足蹈地。

班长急坏了："马小军，快给我下来！不下来，我待会儿报告老师！"

马小军才不管呢，在那里扮鬼脸，还折下树枝、树叶，笑嘻嘻地往班长脸上扔。

班长是个小姑娘，又气又急，哭了起来。

突然，有个同学手指着马小军大叫一声："蛇！"

马小军惊慌地一回头，然后就掉了下来，手臂上多了条红印。

同学们都慌了，捡起地上的石头往树上砸，蛇早已没影了。

马小军哇哇地哭了起来："我要死了，呜呜……我被蛇咬了……"

大家一听也吓呆了："被蛇咬了？那怎么办？"

小毛一瘸一拐地走过来，对班长说："把你头上的橡皮筋给我。"

班长不明白，但还是把皮筋解下来递给了他。

小毛蹲下来，把橡皮筋系在红印的上端，然后看了看伤口，掏出书包中的矿泉水，拧开盖子，把水浇在伤口上。

马小军推开他："你要干吗?！"

小毛看看他："你没看到电视上被蛇咬了之后都是这样做的吗?"

马小军紧张地问："我还有没有救?"

小毛看了看伤口，自信地说："两个牙印，应该没有毒。你死不了的。"

马小军一听，放下心来，却又哭了起来。

刚好老师回来了，原来老师是去拿急救箱了。听了刚才发生的事，老师直夸小毛聪明。

从那天以后，马小军还是很调皮，却不再嘲笑身边的人了。特别是对小毛，他对自己以前的行为懊恼不已，现在对小毛是又感激又敬佩，总是跟在他身后，两个人成了好朋友。

孩子的心是最纯净的。眼睛是心灵的窗户，而他们的眼睛都是那么的天真无邪，如一汪清澈的泉水。周国平说，每个婴儿都是哲学家，而每个儿童都是诗人。只是有的时候，孩子会像那棵小树一样，迷途了，在中间走了一段歪路，但最后，还是会向着天空生长的。

第二章

“善良”不等于“吃亏”

大智若愚

中国有句古语说"大勇若怯，大智若愚"意思是真正勇敢的人看上去好像是怯懦，才智出众的人常常是一副愚笨的样子。

什么是聪明，什么是愚钝呢？

自以为聪明的人，常常会贻笑大方；看起来愚钝的人，却往往能收获最美的结局。

是要有一颗聪明的心，还是要有一个聪明的大脑呢？如果只是头脑聪明，心地却不善良，这样的人就只能是贻笑大方的小聪明，因为他们的聪明常常不能用在正确的地方，他们的聪明只为自己着想，常常践踏别人的利益。而如果有一颗聪明的心就不同了，这样的人时时处处用道德的天平称量自己的言行，也许天资愚笨，却拥有智慧的力量。

神话传说中，将人死后的世界分为天堂和地狱。好人进天堂，坏人下地狱。好坏是如何界定的呢？让我们看看阎王是如何评判的。

一个商人和一个流浪汉死后来到阎王跟前，而这里只有一个进入天堂的名额。"你有什么理由进入天堂？"阎王先问商人。商人说他有一天在街上给了一个乞丐5元钱。阎王点了一下头，然后转过身去问身边的主管小鬼："这事有记载吗？"主管小鬼点了点头，但阎王对商人说这还不够条件。"等一下，等一下，还有，"商人说，"上个月，我遇见了一个无家可归的女孩，还给了她5元钱。"阎王深思了一会儿后，问主管小鬼："我们该怎么办呢？"主管小鬼不耐烦地瞟了商人一眼说：

"我看我们还是给他10元钱，让他留在地狱里算了。"阎王颔首表示同意。"你又有什么理由进入天堂呢？"阎王接下来问流浪汉。"抱歉，我没有，我做的事总是问心有愧。"流浪汉低声说，"去年的一个冬夜，我把乞讨来的半个馒头给了一个生病的乞丐，但那晚他冻死在街头，我好后悔没有把他带回我栖身的桥洞；还有一次……""好了，"阎王微笑着打断了流浪汉的话，转身对主管小鬼说，"你带他到天堂去吧。"

面对阎王的审判，商人和流浪汉，一个在贪婪地邀功，一个却是在谦卑地忏悔。

也许商人的说词看起来很聪明，但他对自己的善行念念不忘，其实也违背了善良的本意。流浪汉本来就饥寒交迫，能分出半个馒头给生病的乞丐，已经很不容易，但他仍为自己没能做到更多而后悔不已。善良的人常常说出糊涂话，看似愚钝，那是因为他们经常会忘记要为自己考虑。两相比较，你说谁该上天堂呢？

大智若愚说的应该就是这种善良吧。

善良有时会让你付出心爱之物

　　人人都希望别人对自己能够永远心怀善意，比如难过的时候能得到朋友的安慰，被人误会的时候能得到家人的理解，困难的时候有人能伸出援手慷慨解囊……最好一出门看到花都在对自己微笑。能时时得到来自他人的善良的庇护，实在是一件幸福的事。

　　反过来，要你把同样的善意也带给别人，也许你就未必肯了。因为有时，善举可能会让你暂时失去目前心爱的某样东西。

　　比如，你很想帮助一个和你一般大的失学孩子重返校园，让他和你一样能够在知识的殿堂里徜徉，长大了有一技之长，有更美好的未来，可那需要你贡献出至少一年的压岁钱，想到这里，你开始摇摆不定了。"为什么平白无故地要去帮他呢？""还会有别人帮忙吧，又不缺我一个！"你开始为自己找各种各样的托词，你希望可以不用你付出那么多，就能让那些孩子重新回到课堂，你还盼望着能用那"得来不易"的压岁钱为自己买一辆新式赛车呢。

　　要做到善良，常常免不了会有这样的煎熬，而如果你是真心实意地想把你的关怀带给那个素不相识的小同学，相信最后你一定可以做到。我们看到过很多这样的例子，小时候靠政府和好心人的援助完成学业的孩子，长大后选择的职业常常与慈善和教育有关。想想看，事情是这样简单，又是这样玄妙，现在你贡献出的一辆新式赛车，会变成一道爱的源泉，在很多年后让更多的孩子重新回到明亮的课堂上。

　　善良一定需要有所付出，有时一个微笑和鼓励就能让一颗痛苦的心看到希望，有时则需要拿出我们心爱的东西做交换。

1945年9月2日，日本投降仪式在美舰"密苏里"号上举行。上午9时，占领军最高司令道格拉斯·麦克阿瑟将军出现在甲板上，这是一个令全世界为之瞩目和激动的伟大场面。面对数百名新闻记者和摄影师，麦克阿瑟作出了一个令人吃惊的举动，他突然招呼陆军少将乔纳森·温斯特和陆军中校亚瑟·帕西瓦尔，请他们过来站在自己身后。

1942年，温斯特在菲律宾、帕西瓦尔在新加坡向日军投降，两人都是刚从战俘营里获释不久。可以说，这个举动几乎让所有在场的人都惊讶、都嫉妒、都感动，因为他们现在占据着的，是历史镜头前最显要的位置。这个位置按说该属于那些战功赫赫的常胜将军才是，现在这巨大的荣誉却分配给了两个在战争初期就当了俘虏的人。

麦克阿瑟为什么会这样做？其中大有深意：两人都是在率部苦战之后，因寡不敌众，没有援兵，且在接受上级旨意的情势下，为避免更多青年的无谓牺牲，才忍辱负重放弃抵抗的。在记录当时情景的一幅照片中，两位"战俘"面容憔悴、神情恍惚，和魁梧的司令官相比，体态瘦薄得像两株生病的竹子，可见在战俘营没少遭罪吃苦。然而，在这位麦克阿瑟将军眼里，似乎仅让他们站在那儿还不够，他作出了更惊人的举动——"将军共用了5支笔签署英、日两种文本的投降书。第一支笔写完'道格'即回身送给了温斯特，第二支笔续写了'拉斯'之后送给帕西瓦尔，其他的笔完成所有手续后分赠给美国政府档案馆、西点军校（其母校）和其夫人……"麦克阿瑟可谓用心良苦，他用特殊的荣誉方式向这两位尽职的落难者表示了尊敬和理解，向他们为保全同胞的生命而作出的个人名誉的巨大牺牲和所受苦难表示感谢……

战争是残酷的。战场上历来是以成败论英雄，对军人来说，没有什么比荣誉更加重要。而作为决策者，出于对士兵生命的爱惜，他们交出荣誉甘作一名战俘，这时，无奈的战俘也成为人们眼中的英雄，难怪麦克阿瑟将军要对他们致以如此崇高的敬意！

放弃并不一定就是永远的失去，暂时的放弃会让你有机会与更多的美丽拥抱。班里发新校服，谁都不愿要那件掉在地上弄了一身湿泥的校服，这时班长走过来，默默地将它"据为己有"。你说，他失去了什么，失去的同时他又会得到些什么呢？

吃亏是福

被誉为"扬州八怪"之一的郑板桥，有两句四字名言流传千古，一句是"难得糊涂"，另一句是"吃亏是福"。

吃亏，明明是有所失，怎么倒成了福呢？

看看下面这个故事，也许我们就能找到答案了。

清代中期，当朝宰相张廷玉与一位姓叶的侍郎都是安徽桐城人。两家毗邻而居，都要起房造屋，为争地皮，发生了争执。张老夫人便写信到北京，要张廷玉出面解决。

这位宰相到底见识不凡，看完来信，立即回信劝导老夫人："千里家书只为墙，再让三尺又何妨？万里长城今犹在，不见当年秦始皇。"

张母见儿子说得十分有理，立即把墙主动退后三尺；叶家见此情景，深感惭愧，也把墙退后三尺。这样，张叶两家的院墙之间，就形成了六尺宽的巷道，成了有名的"六尺巷"。

有时候，看起来是在吃亏，实际上却避免了许多无谓的争端。

如果一个人从来都吃不得一点亏，会是什么情形呢？

雷雷才上小学一年级，却是班上的小霸王。谁要是无意间碰了他一下或是弄坏了他的东西，他都非要以牙还牙不可，经常可以看到他举着树枝追得同学满校园跑。别人画乱了他的作业本，他就立刻不依不饶地用铅笔划破同学的脸。老师批评他，他总是振振有词地说："是他先打我嘛！"渐渐地，没有人愿意和雷雷交朋友，没人和他坐同桌，甚至没人主动和他说一句话。

这样的结果，难道是我们想要的吗？

幼时的心灵是一块空地，种下什么就会收获什么。忍让并不是吃亏，相反，如果凡事都吃不得一点亏，我们往往就会失去更多，比如快乐、友谊。善良的智慧，就在于它能从眼前的小得小失中抽出身来，用吃亏的方式免去一些争端的同时，让自己和他人都收获到一份心灵的成长。

一竹一兰一石，有节有香有骨。郑板桥一生酷爱画竹，他笔下的竹清劲秀逸，自有一番风骨。联想到我们的为人，也该多一份豁达隐忍才好。

左手给予，右手收获

在英国有位孤独的老人，无儿无女，又体弱多病，他决定搬到养老院去。老人宣布出售他的豪宅。

因为这是一所有名的住宅，所以购买者闻讯蜂拥而至。住宅的底价是 8 万英镑，但人们很快就将它炒到 10 万英镑，而且价钱还在不断攀升。老人深陷在沙发里，满目忧郁。是的，要不是健康状况不好的话，他是不会卖掉这栋陪他度过大半生的住宅的。

一个衣着朴素的青年来到老人面前，弯下腰低声说："先生，我也想买这栋住宅，可我只有 1 万英镑。""但是，它的底价就是 8 万英镑，"老人淡淡地说，"而且现在它已经升到 10 万英镑了。"青年并不沮丧，他诚恳地说："如果您把住宅卖给我。我保证会让您依旧生活在这里，和我一起喝茶、读报、散步，相信我，我会用整颗心来照顾您！"

老人站了起来，挥手示意人们安静下来。"朋友们，这栋住宅的新主人已经产生了，就是这位小伙子。"

世界上最强大的不是坚船利炮，而是拥有一颗仁慈的爱心。故事中的小伙子拥有一颗善良仁慈的心，因而得到老人的青睐成为住宅的主人。

在人的一生中，都无法避免困难和问题。物质上需要帮助、支持；

精神上需要理解、鼓励；兴趣上需要满足、发挥……如果我们能想他人之所想，急他人之所急，及时给他人以物质和精神上的帮助和安慰，在他心里就会产生巨大的震撼力，而对自己，则减掉了许多原来扔也扔不掉的精神负担。

给予，即是爱；占有、获取并不是爱的本质。只有心甘情愿的付出、尽心竭力的奉献、不求偿还的给予，才是爱；想的是被他人拥有，或者为他人献出一切，才是爱。只要每一个人都献出一点爱，我们所处的世界就会变成美好的人间。只要自己先献出一点爱，生活就会增添一份光彩，只要人人献出一点爱，那么整个社会将会因此而更加温馨与幸福！

给予的方式并不相同：有有条件的，有无条件的；有有限的，有无限的；有忘我的，有为我的；有精神的，有物质的。在物质给予方面：有等价的，有不等价的；有先给后取的，有先取后予的。精神的东西，理解与鼓励；物质的东西，互相馈赠。古希腊哲学家伯利克说过："我们结交朋友的方法，就是给他好处。当我们真的给他人恩惠时，我们不是因为得失而这样做，而是由于我们慷慨才这样做，所以并不后悔的。"

总而言之，一个不愿意付出的人，最终得到的是痛苦和孤独。朋友间的幸福快乐，更多地存在于慷慨的给予之中。因为"不行春风，难得秋雨"！

此刻，也许有人要问，我自己也没有什么东西，拿什么给予别人呢？其实，仔细想想，生活中你能够给予的东西太多了：为别人奉献自己，牺牲时间，是一种给予；为别人的幸运和成功而庆幸，是一种给予；能从别人的角度看问题，容许别人有自己的意见和特色，也是一种给予；谨慎——避免鲁莽的言行，耐心——倾听别人的倾诉，同情——分担别人的悲痛等，都是一种给予……你可以轻易地给予别人这么多重要的东西，还怕没东西可给吗？

生活中，我们应该保持一颗仁爱之心，保持对真、善、美的追求，地位、财富固然重要，真正使人获得永久尊重和帮助的还是那颗善良的心。把你无私的爱献给周围的人——父母、同学、朋友以及那些陌生人，你会从他们身上得到更多。

第三章

用善良做人生的底色

善良为你增添美丽光彩

你有没有发现天使的头上总是笼罩着淡淡的光环？你知道那是什么吗？那就是天使善良的心啊！如果不善良，怎么可能成为天使呢？著名的电影明星赫本被称为人间的天使，不仅因为她气质优雅、美丽动人，还因为她有着一颗善良的心。你知道吗，她晚年作为联合国的亲善大使，曾多次赴非洲开展慈善与救助活动，像一个真正的天使在帮助那里的人摆脱贫困和疾病。

每个人的生命都是有限的，鲜花再美也会有凋谢的一天。如果说有什么能让它们在枯萎的时候依然为人所铭记，那就是它们曾经为蜜蜂提供食物，让蜜蜂吃得饱饱的；它们散发出的香味曾经让盲人触摸到春天的气息；它们的美曾让诗人、画家产生创作灵感，也曾让一个小伙子鼓起勇气对心爱的女孩子表白。每个人的生命都像一朵鲜花，有盛开的季节，也会有凋谢的时候。如果你希望自己可以像天使那样美的圣洁而永恒，那么请善待他人，那些你所帮助或目睹你善行的人对你产生的爱会让你成为一个真正的天使。

你不相信？还坚持认为只有长得漂亮的才算得上美丽？那我给你讲讲特蕾莎修女的故事吧。

特蕾莎只是一位满面皱纹、瘦弱文静的修女。但是，1997年9月，当她去世时，印度政府为她举行国葬，全国哀悼两天。成千上万的人冒着倾盆大雨走上街头，为她的离去流下了哀伤的眼泪。

特蕾莎曾于1979年获得诺贝尔和平奖，并被人尊称为"贫民窟的圣人"，世人亲切地称她为"特蕾莎嬷嬷"。

她曾经放弃修道院的优越生活，走出修道院的高墙，来到世界上以贫民窟多且脏而闻名、被印度总理尼赫鲁称为"噩梦之城"的加尔各答，走进那些不避风雨的贫民窟，置身贫困者中间——她在那里开办学校，到患病者的家中去医治他们，并给他们带去温暖。她曾经无数次握住那些在街头将要死去的穷人的手，给了他们临终前最后的一丝温暖，让他们微笑着离开了这个残酷而又冷漠的世界。

她亲吻那些艾滋病患者的脸庞，为他们筹集医疗资金；她给在柬埔寨内战中被炸掉双腿的难民送去轮椅；她细心地从难民溃烂的伤口中拣出蛆虫；她亲切地抚摸麻风病人的残肢……她曾经在加尔各答的街头遍寻垂死者，她和修道院（仁爱传教修女会）的修女，将爱心和慰藉分别带给400万被遗弃在街头的人，其中超过半数的人，在特蕾莎修女等人的悉心照料下，日渐康复。

这样的人难道不是天使吗？她虽然貌不惊人，却拥有一颗最美丽的善良之心，给饱受痛苦的人带去了温暖。因为善良，她的美丽更加的高贵、圣洁与永恒。

1985年4月，《美国新闻与世界报道》杂志在青少年中举行了一场规模很大的问卷调查，调查的题目只有一个：当前世界上你最崇拜的人物是谁？青少年们选出了9位他们最崇拜的人物——其中6位是娱乐界赫赫有名的顶级明星，另两个是美国总统里根、罗马教皇约翰·保罗二世，然后就是特蕾莎修女。

特蕾莎修女用善良把多灾的人间变成了天堂，赢得了很多人的爱戴与敬佩，而她也成了人们心中最美丽的天使。

善良就是有这样一种神奇的魔力，让每一个普通的人都可以拥有天使般的美丽，而这份美丽是每个人都在追求的。如果你希望永远保持美丽，像天使一样，那么就请守护好你那颗善良的心吧，没有什么比一颗善良的心能给你增添更多美丽的光彩了。

友谊之花只会对善良的人微笑

你有没有发现，有些人身边总是围绕着许多朋友，而且友情多年不变，感情还越来越深。而有些人总是孤孤单单的，就算偶尔有个要好的朋友，过不了几天又变生疏了。其实这一点都不奇怪，就好像有的树，洒下很大的树荫让大家在夏日的午后乘凉，当然就会有很多的人聚集在它周围了。越能给人带来美感的鲜花，越能获得大家的欣赏。

每个人都需要友情，渴望友情，结交一个朋友就好像种下一朵花，怎样让花健康地成长、美丽地绽放呢？这就需要你的呵护了。平常的日子里，你需要给它松松土、拔拔草、捉捉虫，这些比较简单；但是起风了、下雨了，你会及时地用你那颗善良的心去呵护它吗？你会为它挡风遮雨吗？特别是当花儿还小的时候，它那嫩嫩的枝条很容易被风雨吹折，比如，刚结交的朋友想请你帮忙解答一道数学题，你却推说自己太忙甚至不予理睬，日后你们可能就会越走越远。

如果你精心地呵护花儿，那么慢慢地，它自己就能够经受住一些小风小雨了，这就是说你们的友情能经受住一些考验了，一些小误会就不会影响到你们的友谊。如果你没能帮忙解答数学题，就算不解释，他也会理解的，因为他已经知道你是一个值得交的、善良的朋友，你一定有自己的原因，否则不会不帮他的。但是，再坚强的花儿，如果任由它长年累月地遭受风雨，它总会挺不住的。误会再小，如果总是不去澄清，慢慢积累，最后就会在你们中间形成一个巨大的隔阂。如果你不愿意用你的爱心灌溉这友谊之花，只在某一天突然想起来时，才慌忙跑去看看，花儿可能已经遍体鳞伤，花香已经消散，友情也已经悄悄走远了。只有善待友谊之花，就像善待自己那样，才能让友谊之花绽放芬芳，也才能让自己的心受到这鲜花的呵护。鲜花只会对真心待它的人微笑，友情也是这样。

公元前4世纪，在意大利，有一个名叫皮斯阿司的年轻人触犯了国王，被判绞刑。在某个法定的日子，他将被处死。

皮斯阿司是个孝子，在临死之前，他希望能与远在百里之外的母亲见最后一面，以表达他对母亲的歉意，因为他不能为母亲养老送终了。他的这一要求被告知了国王。国王被他的孝心所感动，允许他回家，但要求他必须为自己找个替身，暂时替他坐牢。这是一个看似简单其实近乎不可能实现的条件。有谁肯冒着被杀头的危险替别人坐牢，这岂不是自寻死路？但真的有人愿意替他坐牢，那就是皮斯阿司的朋友达蒙。

达蒙住进牢房以后，皮斯阿司回家与母亲诀别。日子一天天过去了，皮斯阿司还没有回来，刑期眼看就快到了。人们一时间议论纷纷，都说达蒙上了皮斯阿司的当。当达蒙被押赴刑场之时，围观的人都在笑他的愚蠢，幸灾乐祸的大有人在。但刑车上的达蒙，不但面无惧色，反而有一种慷慨赴死的豪情。

绞索已经套上达蒙的脖子，人们在内心深处为达蒙深深地惋惜，并痛恨那个背叛朋友的小人皮斯阿司。但就在这千钧一发之际，皮斯阿司飞奔而来，他高喊着：我回来了！我回来了！

这一幕太感人了，许多人都以为自己是在梦中。这个消息宛如长了翅膀，很快便传到了国王的耳中。国王闻听此言，也以为这是谎言，于是亲自赶到刑场，他要亲眼看一看自己优秀的子民。最终，国王万分喜悦地为皮斯阿司松了绑，并亲口赦免了他的死罪。

是达蒙的善良赢得了皮斯阿司的友情，让他赶回来履行自己的承诺。他们之间的深厚友情，正是源于对彼此的善心。他们相信彼此都有一颗善良的心，都精心地呵护着这段友情，特别是达蒙，为了帮助朋友，甚至愿意付出生命，所以就算赴刑场，达蒙仍坚信他的朋友不会背叛他。在这次严峻的考验面前，他们的友情并没有丝毫的动摇，反而更加坚固了。

　　你是不是也想得到这样的友情呢？那就先问问你自己，有没有像达蒙那样善良的心吧。善良的心，就像是一朵把香气传播到很远的花儿，总会有很多很多的蝴蝶、蜜蜂伴随着它。

善良成就勇气

你是一个勇敢的孩子吗？你怎么理解勇敢？

每个人都希望自己是勇敢的，不管内心怎么想，至少在别人看来最好是一副勇敢的样子。思想指导着我们的行动。于是，因为怕被人叫作胆小鬼，我们故作勇敢地用雪球砸破邻居的窗户，之后又故作潇洒地离去，心灵从此都不得安宁；因为怕被人看不起，我们掩饰着内心的恐慌，和伙伴们一起在就要解冻的湖面上溜冰，让疼爱我们的家人担惊受怕。

为了给可怜的虚荣心一个体面的交代，我们时常屈从于别人的意志，结果却往往因此而受到嘲笑，也因此和真正的勇敢失之交臂。

实际上，真正勇敢的人都常怀一颗善良的心。他们不畏惧别人的眼光，习惯凭着自己的良心做事。是善良成就了勇气。

看看下面这则故事你就能明白了。

残酷的战争刚刚发生，克拉拉·巴东就对前线的战士充满了担忧。她知道，伤病员们会被留在战场上，直到战事结束。即使他们侥幸熬过了这一关，马车的激烈颠簸也会使他们没有包扎的伤口破裂。伤员们常常在到达医院前就流血致死。

内心对这种状况的伤痛促使巴东下定决心："我要到战场上去，要在战场上，给他们帮助！"第一步，她购买了一辆篷车。然后，她在车上配备了一些药品和急救设施。接下来，她去见军队的将军。

"巴东小姐，"将军说，"你提的要求绝对不能得到满足。战场不是女人能去的地方，你忍受不了那种艰苦的生活。"

"我能！"克拉拉·巴东大声说。这种见面进行了很多次，一次次的拒绝并没有使她灰心。最后，将军妥协了。

克拉拉·巴东得到了一张通过封锁线的通行证。

在整个内战期间，她为她遇见的每个人提供帮助。有一次，她几乎没休息，连续为伤员工作了五天五夜。

她的名字渐渐成了军队里的一个代号，一个爱和勇气的代号。军队提供了更多的篷车，并让更多的士兵来为她赶车。她能提供的医疗帮助也越来越多了。

战争结束了，当她听说有一位名叫让·亨利·杜南特的瑞士人建立了一个名叫红十字会的组织后，她立即说服美国政府加入并为该组织提供资金和物资的帮助。今天，国际红十字会为全世界数以亿万计的人提供帮助，这个伟大的主意就出自克拉拉·巴东。

克拉拉·巴东是一个瘦小的女子。或许她害怕黑夜、害怕听到黑暗中风吹树影的咆哮，或许血肉横飞的战争场景令她晕眩，可是，她依然主动请命走向了战场。是一颗不忍看到他人受苦的心，让她充满了勇气和力量。

勇敢并不是摆摆样子的花架子，它有着钢铁般的硬度，而它坚硬的外壳下一定住着一颗善良柔软的心。消防队员奋不顾身冲进火海救人；缉毒干警赤手空拳与犯罪分子展开殊死搏斗；身患残疾的乡村教师以跪着的姿势家访，将辍学的孩子劝回课堂；失去双亲的大学生独自担当起抚养妹妹的重任……这许许多多的英雄壮举有哪一样不是善良在心底做着最强有力的支撑呢？他们成为时代的楷模和英雄的化身，而他们的初衷只是为了让别人生活得更好。

善良是一切美德的根源。在心里植入一粒善良的种子，不觉间你就成为一个有勇气的人了。也许平常的你沉默寡言，也许每登到高处你的腿就会控制不住发抖，但这都不足以妨碍你成为一个勇敢的人，只要你把爱种在心里。

　　有一本很好的书，书名是《钢铁是怎样炼成的》。书中那个羞涩胆怯的小男孩最终长成了一个有着钢铁般意志的男子汉，而他的心永远如春泥般温暖，他永远带着微笑的表情。想成为一个勇敢的人吗？那就先学会善良，用你的爱照亮别人，你也将因此拥有可贵的勇气。

善意能为你赢得信任

　　你的生活过得怎么样？是觉得每天都很幸福，还是觉得马马虎虎，或者没什么意思？对生活充满爱，从平凡的生活中寻找生活的乐趣，这也是一种智慧。你看，今天路边的树是不是比昨天要长高了一些？学校里的迎春花不知什么时候悄悄地开了，真香啊！同桌买了个新发卡，真漂亮！待会儿要问问她在哪里买的。咦，你怎么会注意到这些琐碎的事情呢？那是因为你在用心地对待生活，对身边的事物都满怀善意。关心生活，才能察觉到生活中点点滴滴的变化。一个善待生活的人，才能得到大家的信赖，因为身边的人能感受到你对他们的爱，知道你在乎生活、在乎他们，会认真地听他们说的话，做他们委托你做的事。

　　一个玩世不恭的人很难得到别人的信任，别人不知道他在乎什么，不知道他哪句话是真、哪句话是假。一个不能善待生活的人又怎能让别人对他产生信任呢？而一个对生活怀有善意的人就不同了，他懂得珍惜生活，珍惜出现在他生命中的每一个人，所以对身边的人都满怀善意。而他身边的人也都能够感受到这种善意，从而对他充满依赖感。

　　信任是一种特殊的感情，是别人对你的肯定。如果你身边的某个同学总是对身边的事情看不顺眼，抱怨中午的饭菜不好，老师的课讲得不好，你会乐意和他相处并信任他吗？要是他总是不按时交作业，你会放心把自己的本子让他去交吗？说不定他一捣蛋就把你的作业本藏起来了。

在一个偏远的小村子里有一对姐弟。姐姐很善良，碰到流浪狗就会把它们领回家，给它们洗澡。而弟弟就不同了，邻家的玻璃碎了，十有八九是他砸的。一次，黄奶奶的拐杖不见了，怀疑是弟弟拿的，去问他，他却一口否定。后来，弟弟的好朋友偷偷地告诉了姐姐，姐姐在房间里找了找，果然发现了那根拐杖，但此时，拐杖已经变成了弟弟的打狗棒。姐姐只好去买了一根新的赔给黄奶奶。

后来姐弟俩长大了，姐姐还是那么好心肠，弟弟却依然很顽劣。有一年，村里发了大水，良田房屋都被淹了，村里决定派一个人去县里领救济款。弟弟自告奋勇，但是村里的人都犹豫了，因为他们知道弟弟爱占小便宜，而且一直想着发大财，怕他会独吞这笔钱。可村里的年轻人又不多了，想来想去，他们决定派姐姐和弟弟一同去。

过了好多天，两个人都没有音讯。村里的人很着急，他们想不会是弟弟真的卷款走了吧？那样，姐姐可能就不好意思回来了。他们有些后悔，不该让弟弟去的。又过了一段时间，他们终于出现了。弟弟的衣服撕破了好几处，原来在路上他们遇上了泥石流，把他们的衣物卷跑了，那里还藏着那笔救济款。弟弟会游泳，就拼死把钱抢回来了。听了这些事，村里的人又感动又惭愧，原来弟弟也是一个挺有责任心的年轻人呢，他为了这个村庄冒了多大的险啊！当初怎么就不信任他呢？所以，当弟弟提出由他来负责村庄的建造时，就没有人再反对了。

村里的人有错吗？没有。因为弟弟以前总是伤害别人，大家觉得他不好也是理所当然的。但是当弟弟把全村人都放在心上，并为此不惜自己生命的时候，他就得到了全村人的信赖。

在那种生命攸关的时候所体现的当然是一种大善。若你在生活中一些细小的地方也能用心对待，就一样会赢得别人的信任。一个用心对待自己生活的人，不会辜负大家的信赖，因为生活就是由身边的人所组成的。很多人都说，人生最大的快乐就是有能力帮助需要帮助的人。这样一颗善良的心，一定会被周围的人接纳。比如，考试前，同桌的橡皮忘记带了，你用小刀把自己的橡皮切成两半；体育课上，同学的手摔伤了，你帮他做笔记。这些事情其实微不足道，却体现了你对别人的善意。这种善意传达给他们的信息是：你关心他们，把他们放在自己心上，所以他们相信你是一个值得信任的人。所以，下一次有事情要人帮忙，他们最先想到的就是你。

拒绝诱惑纷扰，善良帮你画一道清晰的边界

　　世界上的事物都是相对而生的，有高山就有低谷，有成功就有失败，同样，有善良就有邪恶。我们都希望自己能够成为善良的人，但是不能否认身边还有邪恶存在。蓝精灵，那么纯洁可爱，还有格格巫在威胁着他们；白雪公主，美丽而善良，却还有歹毒的皇后想害她。但是，邪恶看上去并不总是恶狠狠的，它有时会披上美丽的外衣，这个时候，它就拥有了另外一个名字，那就是诱惑。诱惑总是许诺我们可以轻易地得到我们想要的某样东西，却不告诉我们，我们将会为此付出代价。它就像是玫瑰花上的刺，许多人为了摘玫瑰，最后被隐藏的刺扎破了手。但是善良的心有时可以帮助你辨别诱惑，因为善良的人不会企图夺取不属于自己的东西。

　　诱惑，总是美得让人看不见它所掩盖的威胁和它将会造成的后果，所以才有那么多人被它欺骗。你知道金苹果的故事吗？

　　很久以前，希腊有名的战士比洛斯王要娶海王的女儿施缔丝为妻。结婚当天，盛设婚宴，邀请了凡间不少名士和天上所有的大小神来参加，唯独没有邀请妒忌女神与战争之神所生下的女儿爱丽丝。不请她的理由是，兴风作浪是她的本事，她所到之处一定不能安宁。但是爱丽丝知道了这件事，又气愤又恼怒，要向参加婚宴的神与人报复。当贵客正在欢乐唱歌的时候，忽然从天空中落下一个金苹果，金苹果的上面刻有"赠给最美丽的人"这些字。在参加婚宴的诸美人中间，天后赫拉一看见金苹果上的字，便表示这个金苹果是属于她的，因为她不仅美丽，而且是天后，权力最大，神与人都很尊重她。可是在座的爱神维纳斯和智慧女神雅典娜也不甘示弱，她们都自认为是最美丽的。她们互不相让，僵持起来。旁边的人没法做主，于是请帕里斯去判决，因为他是世界上最美丽的男子。

帕里斯是特洛伊的王子，正在那里替父亲放羊。三位美丽的女神出现在他面前时，帕里斯犹豫不决。赫拉是天后，答应让他做一个强盛富饶的国家的皇帝。雅典娜是战争之神，则答应他战胜世仇希腊人。但维纳斯最了解年轻人的心里，她许诺给他世界上"最美丽的女人"。他真想通通都要，可是金苹果只有一个。他情愿得到世界上最美丽的女人，因此他把金苹果给了维纳斯。这样一来，帕里斯就得罪了赫拉和雅典娜。作为回报，斯巴达的王后海伦，这个世界上最漂亮的女人，她坠入爱河。在一次访问斯巴达的过程中，帕里斯绑架了海伦，把她带到特洛伊。斯巴达国王非常生气，于是联合了他的哥哥和其他一些希腊的国王向特洛伊开战，一方面为了讨还海伦，另一方面趁机掠夺富饶的特洛伊。赫拉和雅典娜帮助斯巴达，维纳斯帮助特洛伊，因为有神的帮助，战争打了整整十年。

这三个女神，受到金苹果的诱惑，被"最漂亮的女人"这个虚名迷住了双眼，以为有了它自己就真的成了最美丽的女人，于是相互争执，最后不惜发动战争，这不是正好中了爱丽丝的奸计吗？这是多么愚蠢的错误啊！而帕里斯王子，由于没能抵制住美色的诱惑，导致了十年的战争。天下哪有免费的午餐？不管你想要什么，都要付出相应的代价。帕里斯王子只看到了海伦的美貌，却没有想到得到海伦是要以特洛伊整个王国为代价的。如果有什么东西让你不劳而获，那就要小心了，因为它很可能就是一个美丽的陷阱。

一个善良的人，会让诱惑无计可施，因为他知道抵制不住诱惑会带来怎样的灾难。如果这三位女神和特洛伊王子都是心地善良的人，就该想到他们的行为会给两国的人民带来的灾难，从而谨言慎行。亲爱的孩子们，当你们遇上诱惑时，一定要提高警惕哦！

第四章

做善良使者，成挚爱化身

爱人先爱己

你最爱的是什么？聪明的孩子。

爱芳香的百合，爱神秘的大海，爱慈祥的妈妈，爱神气的爸爸……聪明的孩子懂得爱他遇见的所有美好。

只是，你遗漏了很重要的一样——爱你自己。

你爱你自己吗？

你愿意自己是个扎辫子的小姑娘，还是羡慕那些可以剃光头的男孩子？你真心喜欢自己的小眼睛吗？还有那两只胖胖的臂膀，夏天来临的时候，它们会令你感到穿裙子是一件难为情的事吗？

一个善良的孩子，必定会对他所遇见的一切都怀有真诚的爱，这爱里怎么能够少了自己呢？要知道，一个懂得爱自己的孩子，才会有更宽广的心胸去浇灌更多的美丽。

一位挑水夫，有两个水桶，分别吊在扁担的两头，其中一个桶有裂缝，另一个则完好无缺。在每趟长途挑运之后，完好无缺的桶，总是能将满满一桶水从溪边送到主人家里，而有裂缝的桶到达主人家时总是只剩下半桶水。

两年来，挑水夫就这样每天挑一桶半的水到主人家。当然，好桶对自己能够送满整桶水感到很自豪。破桶呢？对于自己的缺陷则非常羞愧，它为自己只能负起一半的责任而感到很难过。

饱尝了两年失败的苦楚，破桶终于忍不住，在小溪旁对挑水夫说："我很惭愧，必须向你道歉。""为什么呢？"挑水夫问道："你为什么觉得惭愧？""过去两年，因为水从我这边一路地漏，我只能送半桶水到你主人家，我的缺陷，使你做了全部的工作，却只收到一半的成果。"破桶说。挑水夫替破桶感到难过，他充满爱心地说："在我们回到主人家的路上，我要你留意路旁盛开的花朵。"

他们走在山坡上，破桶眼前一亮，看到缤纷的花朵开满路的一旁，沐浴在温暖的阳光之下，这景象使它开心了很多！但是，走到小路的尽头，它又难受了，因为有一半的水又在路上漏掉了！破桶再次向挑水夫道歉。挑水夫温和地说："你有没有注意到小路两旁，只有你的那一边有花，好桶的那一边却没有开花呢？我明白你有缺陷，因此我善加利用，在你那边的路旁撒了花种，每回我从溪边过来，你就替我一路浇了花！两年来，这些美丽的花朵装饰了主人的餐桌。如果你不是这个样子，主人的桌上也没有这么好看的花朵了！"

热爱自己吧！即使你并不完美。可是这世界上又有哪一个人是十全十美的呢？你热爱生命吗？那么也请你热爱自己，因为自己的美丽就是对这个世界最好的装点！

善不是一种学问，而是一种行动

　　善良的人常常是沉默的，他不擅长夸夸其谈的表演，而是随时准备着投入实际的行动。

　　法国作家罗曼·罗兰说："不知道善意不一定就不能为善。善不是一种学问，而是一种行动。"很多时候，当我们将充满善意的关怀带给身边的人或素不相识的人时，只是觉得那是一种必须的行动，而不是像做学问一样事前先做一番探讨。2008 年刚刚发生的汶川地震你一定还记得吧，顷刻间的山崩地裂，使数百万群众无家可归。这时，对于那些身处困境中的人来说，温暖的话语固然重要，但他们更加需要的是实际的帮助和救援。一方有难，八方支援。我们看到，灾情发生后，社会各界迅速行动起来捐款捐物，将饮用水、蔬菜食物、帐篷等救灾物资通过多种途径第一时间运送到灾民手中，一批批解放军战士、医护人员、志愿者也纷纷奔赴受灾最重的地区，提供最具体实际的帮助。这样的时刻，施救和捐助的人，他们在行动前，一定不会有片刻的犹豫，他们所想的，只是尽自己的所能多帮一些。

　　那些身处困境中的人，尤其是孩子们，也有着一颗善良的心，他们用实际的行动将更多的人拉出死亡线。英雄少年雷楚年，不顾自己的生死，勇敢地救出 7 名同学；9 岁的小林浩用柔弱的肩膀背出两位同学；11 岁男孩背着 3 岁的妹妹翻山越岭，步行 129 小时安全转移；身处废墟中的孩子朝着正在营救他的人大声呼喊："叔叔阿姨快出去，这里危险！"……

美国作家马克·吐温说："善良，是一种世界通用的语言，它可以使盲人感受到、聋子闻到。"是啊，善良是不需要用语言来表达的，一个微笑、一个搀扶就是对善良所做的最好注解。

公园里、街道上，经常有人俯身拾起地上的纸屑；商场里、餐桌上，随地吐痰、吸烟的人越来越少……善良的行动大多是在平常的小事中得以体现。如果每个人都能做到一点点，这个世界就一定会越来越美好。

一次，高尔基因为生病来到一个孤岛上休养。他的儿子来看他，临走时，在屋子的四周撒下了许多花种。春天来了，一朵朵鲜花随着春风的吹拂竞相绽放，一派生机勃勃的景象。高尔基看到了，心情十分舒畅，病也很快就好了起来。他非常高兴，于是动手给儿子写了一封信，信中说：你走了，可是你种的鲜花开放了。我望着它们，心里想：我的好儿子在岛上留下了一样美好的东西——鲜花。要是你不管在什么时候、什么地方，留给人们的都是美好的东西，都是对你非常美好的回忆，那你的生活该多么愉快呀！

将善意带入生活，并不需要华丽的辞藻作点缀，一个实际的行动就能抵得过千言万语。

比如，在马路上，见到一个推车的人很费力地在爬坡，你完全可以走上前去，助他一臂之力。你轻轻地一推，虽然对他漫长的路程来说微不足道，却足以让他的心感受到温暖，这温暖一定会带给他更多的力量。当别人对你施以帮助时，也不要忘记微笑着说一声谢谢，因为他同样能从你的微笑中寻找到善良的踪迹。

善良需要行动，可善行不分大小，只要是真诚的付出，再小也值得铭记。这世界需要爱来点亮，而行动能让爱传播到更多更远的地方。让我们都来做一个爱的传播者！

学会为自己的行为负责

每个人的心里都住着一个孩子。

孩子的内心总是向往着美好，如果现实不能够让美梦成真，他们就会通过想象给自己一个惊喜，让没有机会走上台去的灰姑娘在自己的心里先做一个华美的登场。

孩子很容易沉醉在梦幻的美丽中，常常会不自觉地把自己的想象当成现实的趣闻说给身边的人听。

比如，从公园里回来时，多多会兴高采烈地告诉爸爸，他刚才看到一只独角兽的样子是如何的新奇古怪，而事实上，这种动物早已经在地球上绝迹了。

在我们很小的时候，大概五六岁之前吧，我们习惯通过想象和谎言让一切看上去显得更美妙，那是由于我们的心智发展还不够成熟的缘故，所以周围的人都会宽容地给予谅解。可如果长大之后，我们还是习惯信口开河，以欺骗和隐瞒为乐，我们就是把自己推向了危险的境地。

一个在日本的中国留学生利用课余时间为日本餐馆洗盘子以赚取学费。日本的餐饮业有一个不成文的行规，即餐馆的盘子必须用水洗上六遍。洗盘子的工作是按件计酬的，这位留学生便在洗盘子时少洗了一两遍。

这样一来，劳动效率果然大大提高，工钱自然也迅速增加。一起洗盘子的日本学生向他请教技巧。他毫不避讳，说："少洗一遍嘛。洗了六遍的盘子和洗了五遍的有什么区别吗?"日本学生听了，都与他渐渐疏远了。

餐馆老板偶尔才会抽查一下盘子清洗的情况。一次抽查中，老板用专用的试纸测出洗的遍数不够并责问他时，他却振振有词:"洗五遍和洗六遍不是一样干净吗?"老板只是淡淡地说:"你是一个不诚实的人，请你离开。"

后来，他到另一家餐馆应聘洗盘子。这位老板打量了他半天说:"你就是那位只洗五遍盘子的中国留学生吧。对不起，我们不需要!"第二家、第三家……他屡屡碰壁。后来，他的房东也要求他退房，原因是他的"名声"对其他住户（多是留学生）的工作产生了不良影响。而且，他就读的学校也希望他能转到其他学校去，因为他影响了学校的生源……万般无奈，他只好收拾行李搬到另一座城市，一切重新开始。他痛心疾首地告诉准备到日本留学的中国学生:"在日本洗盘子，一定要洗六遍呀!"

本来洗盘子只是一件小事，可如果一个人在小事上都要靠着欺骗取胜，那他的善良就会受到人们的质疑。银行不敢雇用这样的人，因为会有监守自盗的可能;学校不敢聘用这样的人，因为教书育人的工作来不得半点将就;技术部门不敢聘用这样的人，因为有时少装一个螺丝钉，就可能引发一起大的责任事故。一个连洗盘子都要偷工减料的人，该去做什么好呢?!

我们每个人的心里都住着一个孩子，他永远是美的化身，当他已经能够分清现实和想象之间的差别的时候，他就该学会为自己的行为负起责任。

知足常乐

我们可以用明亮的眼睛打量世界，我们可以用灵敏的嗅觉捕捉花香，我们还可以用聪慧的耳朵去聆听天籁之音。

每个人都是一个富足的天使。我们是渺小的一粒沙，我们又能够将整个星球拥在怀中，前提是，假如你有一颗足够宽广的心。因为除了许多人所共有的东西，阳光、空气、父母的疼爱之外，还有许多东西是别人拥有而你正好匮乏的，比如嘉嘉的爸爸会每天开着小车送他来学校，你只是步行；欣欣暑假去了英国旅游，你只能整日在家里的小吃店忙碌。

有时你说服自己理解，有时却仍止不住懊恼。

埋怨父母，埋怨命运，或是埋怨自己？

可埋怨只会使你心生烦恼，并不会让现实有所改变。不如让思路转个弯，试着接受并热爱你现在的生活，改变也许正是从这里开始。

中国有句俗语，叫作"知足者常乐"，说的就是这个道理。一个心底无限宽广的人，能够在任何情形下都保持内心的宁静。不要小看了宁静，它可是一剂灵药。遇到不如意或心生懊恼时，保持一份内心的宁静，我们就拥有了坚强与平和的力量，这力量足够让我们拥抱到更美好的生活。

某欧洲国家一位著名的女高音歌唱家，刚刚30多岁就已经誉满全球，而且婚姻美满、家庭幸福。一次她到邻国开独唱音乐会，入场券早在一年以前就被抢购一空，当晚的演出也受到极为热烈的欢迎。

演出结束之后，歌唱家和丈夫、儿子从剧场里走出来的时候，一下子被早已等在那里的观众团团围住。人们七嘴八舌地与歌唱家攀谈着，其中不乏赞美和羡慕之词。有的人恭维歌唱家大学刚刚毕业就开始走红，并进入了国家级的歌剧院，成为扮演主要角色的演员；有的人恭维歌唱家有个富足体贴的丈夫，膝下又有个活泼可爱、脸上总带着微笑的儿子……

在人们议论的时候，歌唱家只是在听，并没有表示什么。等人们把话说完，她才缓缓地说："我首先要谢谢大家对我和我家人的赞美，我希望在这些方面能够和你们共享快乐。但是，你们看到的只是一面，还有另外的一面没有看到。那就是你们夸奖活泼可爱、脸上总带着微笑的这个小男孩，他很不幸是一个不会说话的哑巴，而且，在我的家里他还有一个姐姐，是需要长年关在装有铁窗的房间里的精神分裂症患者。"歌唱家的一席话使人们震惊得说不出话来，你看看我，我看看你，似乎很难接受这样的事实。

这时，歌唱家又心平气和地对人们说："这一切说明什么呢？恐怕只能说明一个道理：上帝是公平的。那就是上帝给谁的都不会太多，也不会太少。"

生活总会有不为人知的另一面，而我们看到的常常是表象。

不抱怨、不消沉，是内心的那份宁静让歌唱家学会笑对生活。事实上，没有哪一种境遇会是完全的好或不好，你接受它，才能有改变它的机会和力量。生活就像一面镜子，我们对它笑，它也必定对我们回报以热忱的微笑。只知道沉浸在自己的不如意中，就像永远只看到自己的影子在晒太阳，为什么不能让自己转个身呢？

第五章

爱是善良开出的花朵

爱的光芒中倾泻出善良的温暖

　　正像每一朵小花和每一棵小草都需要阳光的照耀一样，我们的生命需要爱的光芒，有了爱的滋养和鼓励，我们才能一天天快乐地长大。

　　你受到过来自他人的爱的关照吗？比如，摔倒的时候曾受到某人的搀扶，哭泣的时候受到某人的安慰，迷路的时候得到某人的指点。这关照可能来自你的家人朋友，也可能来自萍水相逢的陌生人。

　　爱是生命必需的养料，是善良催生了爱，善良就是爱之圆上的无数个小点。爱的光芒中倾泻出善良的温暖。俄国作家苏霍姆林斯基说，没有善良——一个人给予另一个人的真正发自肺腑的温暖——就不可能有精神的美。

　　苏珊是个可爱的小女孩，当她念一年级的时候，医生发现她那小小的身体里面竟长了一个肿瘤，必须住院接受3个月的化疗。出院后，她显得更瘦小了，神情也不如往常那样活泼了。

　　更可怕的是，原先她那一头美丽的金发，现在差不多快掉光了。虽然她那顽强的生命力和渴望生存的信念足以与死神一争高低，她的聪明好学也足以补上落下的功课，然而每天露着一颗光秃秃的脑袋到学校去上课，对于她这样一个六七岁的小女孩来说，无疑是非常残酷的事情。

　　老师非常理解小苏珊的痛苦。在苏珊返校上课前，她热情而郑重地在班上宣布："从下星期一开始，我们要学习认识各种各样的帽子。所有同学都要戴着自己最喜欢的帽子到学校来，越新奇越好！"

　　星期一到了，离开学校 3 个月的苏珊第一次回到她所熟悉的教室，但是，她站在教室门口迟迟没有进去，她担心，她犹豫，因为她戴了一顶帽子。

　　可是，使她感到意外的是，班里每一个同学都戴着帽子，和他们那五花八门的帽子比起来，她的帽子显得普普通通，几乎没有引起任何人的注意。一下子，她觉得自己和别人没有什么两样了，没有什么东西可以妨碍她与伙伴们自在地见面了。她轻松地笑了，笑得那样甜，笑得那样美。

　　日子就这样一天天过去了。现在，苏珊常常忘了自己还戴着一顶帽子，而同学们呢？似乎也忘了。

　　瞧！善良有时就是用这一顶帽子的关怀带给我们爱的温暖。

　　就像那朵总是面朝太阳旋转的向日葵，善良的心也总是迎向光明和温暖的一面。

放低自己，才能攀登得更高

如果到一个真正谦虚的人的心底去转一圈，我们能看到什么呢？

有智慧树吧，还有一条条铺满阳光的大道！

我们看到，最终能够在人生旅途中取得顶尖成就的，必然是内心永远存有一份谦虚的人。比如牛顿，他在自然科学领域作出了伟大的贡献，而他谦卑地说："我不知道人家怎样看我，但是在我自己看来，我就像一个在海滩上的小孩子，偶尔拾到一片较为光滑的圆石，而真理的大海我并未发现。"

谦虚的人总能在鲜花和掌声的簇拥中保持清醒。因为他们懂得，只有放低自己，才能看到别人的高度。他们明白每个人身上都有自己不具备的优点，从而能够不断地向着更高的目标攀登。相反，居功自傲只能导致故步自封，就像莎士比亚说的那样，一个骄傲的人，结果总是在骄傲中毁灭了自己。

我们来看看少年时轻狂的柳公权是怎样靠着谦虚的觉醒成长为一代书法宗师的。

柳公权是我国唐代著名的书法家，他创立的柳体和临写的《玄秘塔》直至今天仍然是广为人们学习、临摹的字帖。柳公权自幼聪明好学，特别喜欢写字，到了十四五岁便能写出一手好字，经常受到老师的表扬。日子久了，他心里美滋滋的，不知不觉就骄傲起来，以为天下"唯我独尊"了。

有一天他和几个伙伴们玩耍，玩什么好呢？这个说捉迷藏，那个说摔跤，柳公权说："不行，不行，咱们还是比比谁的字写得好吧！"于是大家在大树下摆了一张方桌，比了起来。柳公权很快写了一篇，心想："我肯定是第一了，谁能比得过？"心里这样想着，他的脸上也显露出洋洋得意的神情。这时，从东面走过来一个卖豆腐的老汉，这老汉早看出了柳公权的傲气，决定给他泼点儿冷水。他说："让我看看。"他挨个儿看了一遍说："你们的字都不怎么样。"这对柳公权来说，真如晴天打了个响雷，他长这么大还从未有人说过他的字不好呢。他马上不服气地说："我的字不好，那么请你写几个让我瞧瞧！"老汉笑道："我一个卖豆腐的，你跟我比有什么出息。城里有一个用脚写字的人，比你用手写的强几倍呢！如果不服气，你去瞧瞧吧。"第二天，柳公权带着满肚子狐疑进城，果然看到一个老人正在大树下写字。

老人失去了双臂，正坐在地上用脚写字呢。只见他用右脚的大拇指和第二趾夹住毛笔，运转脚腕，一排遒劲的大字便出现在人们的眼前。众人一阵喝彩："好，好！"柳公权自感惭愧，当即跪拜在地，要拜老人为师。老人于是挥毫写下一首诗赠予他：写尽八缸水，墨染涝池黑。博取众家长，始得龙凤飞。

从此，柳公权不再炫耀自己了，每日只是挥毫泼墨和悉心研究揣摩名人字帖，最后终于练成了流传千古的"柳体"。

每个孩子身上都有许许多多挖掘不尽的优点，你也一定是这样的。假如你在拿到校绘画比赛的冠军后，还能虚心地向其他的同学学习，你就一定还会取得更大的进步。谦虚的受益者其实就是自己。

一个善良的人，并不会刻意作出某种谦虚的行为，是对自身不足的清醒认识和对功名的淡然让他们自然而然地保持谦虚的品格。他们从不会沉浸在既有的荣誉里沾沾自喜，而只把荣誉当作路边的风景，欣赏一番后，继续向前赶路，而不会就此停下脚步。这一点，居里夫人为我们作出了表率。

爱因斯坦说："在所有的世界著名人物中，玛丽·居里是唯一没有被盛名宠坏的人。"许多人也都说，居里夫人不但有思想上的智慧，还有内心中真正的智慧。为什么这么说呢？看看下面的故事，也许我们就能找到答案了。

有一天，一位朋友来居里夫人家做客，看见她的小女儿正在玩英国皇家学会刚刚颁发给她的金质奖章，于是惊讶地问："居里夫人，得到一枚英国皇家学会的奖章，是极高的荣誉，你怎么能给孩子玩呢？"居里夫人笑了笑说："我是想让孩子从小就知道，荣誉就像玩具，只能玩玩而已，看得太重了，就将一事无成。"

谦虚是种善良，也是种智慧。谦虚的人会一直专心致志地向着优秀的山峰攀登。当我们怀着一颗谦卑的心面对一切时，我们自然就能获得真正高尚的情操，离完善自己也更近了一步。不断学习才能不断进步，而居高临下的方式连看到别人的优点都很难，学习和进步又从何谈起呢？所以，不如先学习谦虚，放低自己，让自己在不断攀登的过程中变得更加优秀。

善良是不求回报的付出

一个人在旅途的疲惫中睡着了，他枕着路旁的青草做着甜美的梦，一条蛇向他悄悄地逼近，沉睡中的人却全然不知。

一个行色匆匆的人恰巧路过，他很自然地拿起一根木棍赶走那条蛇，然后轻轻地坐下来守护那并不相识的陌生人，闻闻草叶的清香、听听鸟鸣的欢乐，确定没有危险了，他像是刚刚休息好了、正要从自己家里出发一样，拍拍身上的泥土又站起来继续赶路。这时，熟睡中的人仍在梦里。

多么善良的做法，可是居然没有人看见，就连被他搭救的人都毫不知情！你会觉得他这样的做法并不值得吗？

常常会有这样的时候，当别人的善良为我们保驾护航时，我们却在熟睡的梦中。比如，老师看到你座位旁的窗户常常漏风，就利用周末的时间修补好；邻居看到你家晾晒的衣服掉到楼下，就帮忙拍干净重新搭好；妈妈怕你睡得不踏实，等你睡着了还轻轻地在一旁摇着蒲扇……这样默默的关照我们并不知道，却又的确是我们所需要的。

如果我们选择了善良，褒奖就一定是可以省略的点缀。

买水果时，发现摊贩的好几个苹果都不小心掉在了地上，你帮他一一拾起来，他却毫无察觉。这时，你心里的感受是怎样的呢？是仍像原来一样自在平常，还是想要引起他的注意、让他看到你的功劳？为得到赞扬而帮别人拾起苹果，这并不是真正善良的做法。

要是有一天，你让善良穿上华美的外衣站在灯光绚烂的奖台上，让她在掌声雷动的欢呼中接受你认为她该得到的那份奖赏，善良的心反而会因不安而感到无所适从。她想："那就是我该做的啊，不然怎么办，假装没看见吗?! 不! 我真的不需要赞美和喝彩……"

善良的想法让人们惶惑，但这的确就是善良的心声。别人看来是需要付出代价甚至是牺牲才能做到的事，在善良的心里却是那样的普通和平凡。她的付出不是为了得到任何回报，她只是不能够对别人的苦难坐视不管。

为了寻求褒奖而做好事，我们带给别人的常常会是伤害，这样的善良徒有虚名。

嘉文今年8岁。三年前，嘉文从三楼的阳台上跌下来，伤得很重。从那以后，嘉文的两条腿总是软弱无力，以至于上厕所的时候只能跪着方便。一开始，班里有许多男孩子都帮助过嘉文上厕所，可渐渐地，嘉文和他们疏远起来，原因就在于那些帮助过他的男孩子总爱把自己如何如何帮助嘉文的细节说给老师和其他人听，以求得一句老师的表扬或是一朵小红花和一张奖状。嘉文心里很难受，他觉得同学们对他的关心都不是真诚的，自己成了别人邀功的砝码。

你能了解嘉文的感受吗?

他需要得到别人的帮助，但前提是，那帮助是怀着真诚的善意，而并非为了褒奖。

一觉醒来，推开窗子，屋外湿润清新的空气扑面而来，令人心旷神怡。你想到了吗? 或许这就是夜雨带来的清凉，它不着痕迹，却的确美丽了我们的梦境。

善良人将他人安危扛到自己肩上

面对别人的苦难，我们怎么能够掉转过脸去？

善良的人有着豪爽的性格，别人的安危，他常常潇洒地就扛到了自己的肩上。

大雨滂沱中，一位住得很远的同学没有带伞，你是装作没看见而只顾自己赶快回家，还是会冒雨先将她送回去？经常会有这样的时候，突然间，所有的事情都变得紧迫起来，我们陷入其中，无从取舍。正常的情形是，我们会不自觉地首先想到自己，因为有时我们会习惯对自己的付出斤斤计较。如果能够克服这一点，我们就获得了某种超越，成为一个敢于承担的人。成为家人或更多人的保护伞，这种感觉很好，因为那意味着，我们又长大了一些。

彼得只是一个8岁的小男孩，却成了所有荷兰人心目中的英雄。

荷兰的绝大部分国土低于海平面，只有依靠海堤的阻挡才能使陆地免受海水的侵袭。为了保护自己的家园，几个世纪以来，荷兰人民一直在加固这些海堤。

一个早秋的下午，母亲招呼正在玩耍的彼得送些甜点给他的瞎子朋友。

回来的路上，彼得注意到，雨水使运河的水面上涨了不少，波浪冲刷着海堤。天渐渐黑了，彼得拔腿朝家中跑去。正在这时，他听到了一个声音，那是水流的嘀嗒声！他停住往下看，海堤上有一个小洞，一小股水流正通过它渗进堤内。荷兰的每一个孩子一想到海堤的裂隙都会感到恐惧。一旦水流在海堤上穿出一个小洞，它很快会将小洞变成大洞，最后将淹没整个国家。

彼得立刻意识到自己该干什么。他扔掉手中的花束，爬下海堤，用手指堵住了洞眼，水流停止了。"嘿!"他对自己说，"只要我在这儿，荷兰就不会被淹没。"

不知过了多久，天色完全黑了下来。彼得仍用手指堵着洞口，他的两臂酸疼，又僵又麻。他想用口哨引起别人的注意，但是天冷得让他的牙齿直打战。

他的妈妈已经焦急地用目光在海堤上搜寻了好多次，但是现在她关上了农舍的门，因为她想她的小男孩一定留在他的瞎子朋友那儿过夜了。

小男孩蹲坐在海堤边的一块石头上，月亮和星星在天空中看着他。他的眼睛闭上了，但他并没有睡着，他不时用另一只手揉一揉那只抵挡着愤怒的大海的手。他坚守了整整一夜，把海水挡在堤外。

整整一夜与寒冷和黑暗的作战，彼得之所以能够坚持下来，是因为他的心里装着更多人的安危，他自信他小小的肩膀能够扛得起这份责任，事实也证明他的确做到了。

因为对他人安危的牵挂，善良的人常常会作出一些看似不可思议的惊人之举。

在武汉市鄱阳街有一座建于1917年的6层楼房，这座楼的设计者是英国的一家建筑设计事务所。20世纪末的某一天，它的设计者远隔万里，给这座大楼的业主寄来一份函件。函件告知：景明大楼为本事务所在1917年所设计，设计年限为80年，现已超期服役，敬请业主注意。

这真是一件闻所未闻的奇事!80年前盖的楼房，不要说设计者，就连当年施工的人，恐怕也不会有一个在世了吧?!然而，至今竟然还有人为它的安危操心！可就是因为历时久远，这份牵挂更加令人动容。

　　一个常常因别人的苦痛而黯然神伤的人，他能感受到的幸福也一定会较常人多出许多，因为他的心里一直都装着美好。

让信守承诺的光芒照耀我们前行

答应别人的事，你是常常临时变卦，还是争取每次都能说到做到？

更多的时候，承诺只是一件件琐碎的小事。

有很多的口头禅，比如"嗯""哦""好的"，等等，看上去空洞平常，含义却十分丰富。

比如，当听到你"嗯"的一声回应，妈妈就知道你今天是准点放学，她会按老时间把香喷喷的饭菜端上桌；听到小明说"好的"，你就会在学校门口等他一起回家；爸爸轻轻地"哦"一句，那就是表明下周开家长会的事，他已经确定放在了心上。这似乎成为一条通用的法则。我们总能通过这些简单的字句获知身边人下一步的动向。即便有时那回应的声音小得像是蚊子在叫，可落在我们的心上时叮咚作响，因为我们相信这样一种善良——说到就会做到，君子无戏言！善良的承诺，总能够穿越时空的阻隔。

一个言而有信的人，他的生命总能焕发出令人惊叹的光彩。

古人云：言而无信，何以为言？意思是说，如果说出的话不能够兑现、没有信用，那这样的话说出来又有什么意义呢？

在生活中，法则常有失灵的时候。比如你等到很晚却没有看到小明的影子，这样，当下一次小明再对你说"好的"的时候，你就会在心里先打上一个问号：他说的是真的吗？

答应别人的事，哪怕只是用极简单的字句来表达，也一样是种承诺，如果答应了别人某件事，却又轻易地毁约、变卦，说到却不能够努力做到，这样的人很快就会失去大家的信任。

放学后，同学们都准备走了，小芹还在那里认真地写板报，她请和自己家住得很近的梅梅帮忙转告家人，自己得晚点回去。梅梅满口答应下来，可一走出校门就把这件事忘得干干净净了。很晚了，小芹还没有回家，小芹的父母一路找到学校……

在履行和坚守承诺的过程中，我们常常能感受到成长的快乐。如果你答应了别人什么，就一定要努力做到，对自己说过的话负责，那么，简单地对承诺的信守就能让我们成长为一个有责任感的人。一种好的行为可以像史努比的卡通玩具一样风靡全世界。当信守承诺的光芒照耀到更多人的身上时，大家就都会发出愉快的感叹："世界多美好啊！"

第六章

与人为善，助人为乐

心里只有自己，就无法品尝爱的甜美

博爱是一种被放大的爱，它源于一颗善良的心，以辐射状向四周散发，惠及身边每一个需要帮助的人。它开始可能是一种内在的精神修炼，继而是一种普济大众的广阔胸怀。

每一个人，对于自己所碰到的人，都有爱和被爱的相互责任，我们怎样为他们树立爱的榜样，将会对他们如何去爱别人产生重大的影响。当我们表达爱心的时候，别人会看着我们，甚至把我们当作学习的榜样。

我们会问："谁可以当我们的好榜样？谁是我们最应该仰慕的对象？"我们可以从历史人物中找到他们，也可以在开放和诚实的心态下遇见他们，我们也会在日常生活中发现他们。

南丁格尔舍弃了财富和舒适的生活，去追寻她心中深刻的需求。她被一种要去照顾千千万万个人的使命所驱使，去分担他们在她身边即将死亡的时候所经受的绝望情绪和恐惧。最后她成为我们今天所熟悉、敬仰的"白衣天使"之母。

天主教神父达米安抛弃了文明社会的一切，献身于照顾夏威夷莫洛凯岛上的麻风病人，完全发扬了非凡个性的博爱精神。他与教会的官僚体系奋战不止，为他的教区人士争取补给品，最后他自己也患了麻风病，死在他所爱的、和他一起生活的人群之中。

甘地将一生完全投入追求自由之中。他领导的"非暴力不合作"运动终于使英国殖民地下的印度人摆脱了帝国主义的束缚。在总结自己的一生时，他说了一句颇有分量的话："我的生平就是我的信息。"

这些把个人力量化为爱的历史典范，都可以帮助我们辨认、欣赏那些在日常生活中以博爱为职责的高尚性格。

一个基督徒在临终之前想看看天堂和地狱究竟有什么差别，于是，天使便带他去参观。

首先，他们来到地狱，地狱里有一张很大的餐桌，桌子上摆满了丰盛的佳肴，桌子周围坐着一群饿鬼，他们手里拿着一双十几尺长的筷子，可以夹到菜，却吃不到嘴里，所以，他们个个面色阴郁、骨瘦如柴。

他们又来到天堂，同样是很大的餐桌，同样有很丰盛的菜肴，桌子周围却坐着一群可爱的人，他们同样也拿着十几尺长的筷子。所不同的是，他们夹菜喂对面的人吃，对面的人也夹菜喂他吃。所以，他们个个快乐而又健康。

天使转身对他说："这就是天堂和地狱的差别。"

自私和互助，是地狱和天堂的区别之一。至于是天堂还是地狱，则完全来自于我们的内心，当我们用博爱的心来对待这个世界时，那么，我们将永远活在天堂里。

爱应该是温馨的、绚烂的，是人所向往的美丽情愫。爱应该是辽阔海洋的孩子，那让人振奋的雄伟壮丽把每个想念它的心灵升华，它是自由的也是崇高的，它是仁慈的也是神圣的。如果一个人心里只有自己，就永远无法品尝爱的甜美。

乐于腾一只手给别人

　　面对比自己弱小、等待别人帮助的人，总会不由自主地流露出恻隐之心，这是人之常情，也是一个善良的人最自然的表现。但是如果你知道因为你的帮助，那个人日后将比你还要出众，比你成就更大，你还会选择帮助他吗？比如，同学生病了，需要你去给他补课，但是这样一来，他的成绩会超过你，那你还会抽出自己宝贵的时间去帮助他吗？你有些犹豫了，但是不必为自己的犹豫而惭愧，因为这毕竟不是一个容易的选择。只是，一颗善良的心会指引你去做正确的事，而做这件事需要你有比自己想象得更为广阔的胸怀。帮助他人，只要自己尽了力，就是一件值得高兴的事情，而不必去计较别人因此取得的成就是否会让自己相形见绌。

　　其实，发现一个比自己厉害的人也是一件值得高兴的事情，不是吗？站在更高的地方，带着欣赏的眼光去看待，就会有不同的感受了。桃李满天下的老师，无不希望青出于蓝而胜于蓝，长江后浪推前浪，因为这样的世界才值得人们为它奋斗。当一个人的着眼点不再限于自身而是放眼于更广阔的世界时，他的胸怀自然就开阔了，自然乐于腾出一只手给别人。

　　你一定听说过鲍叔牙和管仲的故事吧？

　　春秋战国时，公子小白和公子纠争夺齐国的君主之位。管仲辅佐纠，鲍叔牙辅佐小白。后来小白得立为国君，为齐桓公。因为以前管仲差点儿射死他，幸好射在衣带钩上，所以齐桓公想杀了管仲。鲍叔牙劝说道："难得的是臣下忠于其主啊，如果你重用了管仲，以他的加倍忠心和才能，可以替你射得天下，哪里是射衣带钩可比的呢？"桓公点点头说："好吧，我暂且听你的话，先不杀他。"一日，齐桓公想拜鲍叔牙为相，鲍叔牙诚恳地辞谢说："主公如果只想管理好齐国，有高傒和我就够了。如果想建树王霸天下的不世功业，那非用管仲不可！"后来齐桓公重用管仲，管仲位居鲍叔牙之上，成了一代名相，而鲍叔牙也因善于识人、用人而被后人尊敬。齐国，也在管仲的治理下，逐步强大起来，而齐桓公也成了春秋五霸之一。

鲍叔牙知道自己的才能不如管仲，他向齐桓公推荐管仲，既是为了让管仲的才能得到施展，也是为了齐国能够在众多国家中独占鳌头，唯独没有想到自己的名利地位。他这样的容人之量不是一般人可以比的。他的善，是不计个人荣辱的大善。

这样的例子在我国古代有很多。唐朝时，有个将军娄师德向武则天推荐狄仁杰，后来狄仁杰成为一代名相，娄师德功不可没。晋代的书法家卫夫人教王羲之书法的时候，就感叹"后生可畏"，但她为自己发现了人才而高兴，更加用心地教他，并不担心自己的名气会被王羲之盖过。我国古代著名的文学家苏轼也受到了当时文坛领袖欧阳修的青睐。苏轼考取科举，写信给欧阳修致谢。欧阳修看完后说："我老人家应该早一点退休，好让这个人早一点出人头地。"他们都甘当伯乐，让这些千里马跑起来。

国外也有相似的故事。你知道俄国著名的文学家陀思妥耶夫斯基吧？他刚开始写小说的时候并不出名。

陀思妥耶夫斯基20多岁时写了一部中篇小说《穷人》，怯生生地把稿子投给《祖国纪事》编辑部。编辑格利罗维奇和涅克拉索夫傍晚时分开始看这篇稿子，他们看了10多页后，打算再看10多页，然后又打算再看10多页，一个人读累了，另一个人接着读，就这样一直读到晨光微露。他们再也无法抑制住激动的心情，顾不得休息，找到陀思妥耶夫斯基的住所，扑过去紧紧把他抱住，眼泪不禁流了下来。他们告诉这个年轻人，这部作品是那么出色，让他不要放弃文学创作。之后，涅克拉索夫和格利罗维奇又把《穷人》拿给著名文艺评论家别林斯基看，并叫喊着："新的果戈理出现了。"别林斯基开始不以为然："你以为果戈理会像蘑菇一样长得那么快呀！"但他读完以后，也激动得语无伦次，瞪着陌生的年轻人说："你写的是什么，你了解自己吗？"平静下来以后，他对陀思妥耶夫斯基说："你会成为一个伟大的作家。"陀思妥耶夫斯基作出了反应："我一定要无愧于这种赞扬，多么好的人！多么好的人！这是些了不起的人，我要勤奋，努力成为像他们那样高尚而有才华的人！"后来陀思妥耶夫斯基写出了大量优秀的小说，成为俄国19世纪的经典作家，被西方现代派奉为鼻祖。

　　帮助一个人，看重的是过程而不是结果。你能牺牲自己的利益去帮助一个陌生人，无论他刚开始的时候是个平凡的人，还是已经具有成为大人物的潜质。人们看到的往往是美丽的鲜花，但是再美的鲜花也需要土地的滋养。当你发现一粒能长成美丽鲜花的种子时，能够下决心帮它实现梦想，即使它美丽的身影会把你遮住，人们也许会因为它而忽视你的存在。你犹豫了。但是，如果想一想这朵花会给这个春天、这个世界增添多少颜色，相信你一定知道该怎么做了吧？

给别人点灯，最先照亮的是你自己

每个人的生活都由希望指引，如果失去了希望，天空将是灰色的、暗淡的，看不到尽头。没有希望的人，失去了生命和活力，也就失去了前进的动力。给在绝境中的人带来希望的人，是真正的天使，就好像给荒凉的沙漠送来了绿洲，给黑暗的天空安上月亮和星星，给迷路的孩子点亮回家的灯。告诉不幸的人们生活的美好，鼓励他们坚强地走下去，这就是天使。但你有没有发现，每次你给别人点亮灯，最先照亮和温暖的是你自己。

希望，是一件很虚幻的东西。有人认为它一钱不值，事实上它却千金难买，因为只有自己拥有一颗善良的心，才有可能给别人带来希望，而善良的心是无价的。或许你没有意识到，带给别人希望就是带给自己希望。当你疲惫不堪地奔波在路途中，同行的人几乎丧失了坚持下去的信心，你心中的信心虽然也日渐渺茫，但依然一边向同行的人描绘自己希望到达的地方，一边牵着他们的手往前走。当你领着他们到达目的地时，蓦然回首，会发现自己也已经满怀希望地走过了那么多路。

有个刚做完手术的孩子，他的眼睛上还蒙着纱布。一天，他摸索着来到了医院后院，坐在一棵大树下。他在黑暗中幻想着将要看到的五彩世界，又担心手术不成功。

一片树叶飘到了他的头上，他随手一摸，拿到手里，自言自语地说："这是杨树叶，还是……"

"是杨树叶。"一个低沉的声音传过来，接着一双大手摸到了他的脸上。"小朋友，几岁啦？"

"12岁。"

"你眼睛不好？"

"啊，从小就有毛病。伯伯，你说这世界美吗？"

"美啊！你看，天空是蓝色的，远处的山雄伟挺立，那云朵洁白可爱。在咱们对面有一泓清水，水面上浮着粉红的荷花、碧绿的荷叶。这四周绿树成荫。嘿！那边不知是谁在放风筝。你听，这树上的小鸟在叫，你听见了吧？孩子！"

"我听见了。"孩子的脑海中出现了一幅幅美丽动人的图画。

他蓦然抓住那个人的手问道："伯伯，我的眼睛能治好吗？"

"能，能！孩子，只要你认真配合医生治疗，就会好的。"

"真的？"

"真的！"

"那边是什么？还有那儿……"

"那边呀，是……"以后，就时常看见这两个人在交谈着。

过了一段时间，这个孩子终于拆了线。当他适应了刺眼的阳光后，便跑向了后院。他走到那个在黑暗中给予他欢乐的地方，用他那明亮的双眼向四周一望，他愣住了。原来，这里没有花木，没有清水，没有大山，有的只是一堵墙壁和一棵老树。在冷风中坐着一个老人，他戴着一副墨镜，身边放着一根探盲棒。

以后，在这所医院里，经常可以看到一个少年拉着一位失明的老人，用他刚刚获得光明的双眼，向那位曾给过他一片光明的老人诉说。

这个老爷爷，在用自己的爱心描绘出一幅美丽的景色，告诉孩子生活的美好，带给他生的希望时，自己的眼前一定也浮现出了一幅美丽的画面，也在憧憬着生活的美好。如果不是因为自己充满希望，又怎能给男孩以希望呢？当小男孩为自己的复明而渐渐充满希望时，也是老爷爷为自己的生命寻找希望的时候。

　　有的时候，我们自己都忽略了心中的希望，只是一天一天过着平凡的生活。某一天，在自己为鼓励别人振作起来而描绘生活的美好时，眼前突然一亮，发现其实生活原来真的像自己描述的那么美好，心中便又燃起了希望。

赞美是融化别人心中冰雪的阳光

你知道吗？真诚的赞美是对他人最好的鼓励，也是世界上最优美的语言。它所蕴含的力量可能连你都不知道呢！它可以融化冬天的冰雪，给人们带来温暖的春风；也能够让绝境中的人看到希望，重新获得信心，鼓起勇气，为自己的目标努力奋斗。

如果你在体育课上的跳马中，一次次失败了，是不是会心情沮丧，觉得自己肯定是跳不过去了，注定要失败？如果你的同学还在一边说："笨死了，每次都跳不过。"你肯定更伤心了，或许都放弃再次尝试了。但是这个时候，要是老师过来拍拍你的脑袋，说："比上一次好多了，动作做对了，再高一些就肯定能过去。"你一定又信心百倍了吧？赞美就是有这样神奇的力量，有时还能化腐朽为神奇呢。所以，当你的朋友遭遇到挫折或失败时，就算他真的很糟糕，也请对他说一声"你很棒！""下次一定可以的！"这些话胜过千言万语。善良的心，懂得别人付出的价值，所以不会吝啬赞美，也懂得用这种方式来帮助他人渡过难关。

讲一个故事吧，是关于一个小男孩的。

许多年前，一个10岁的男孩在拿坡里的一家工厂做工。他一直想当一个歌星，于是常常在工厂里唱歌。但他的第一位老师使他非常泄气。老师说："你不能唱歌。你根本五音不全，唱歌简直就像风在吹百叶窗一样。"和他一同做工的工人也嘲笑他。他很沮丧，觉得自己可能真的不是当歌星的料。但是他妈妈——一位穷苦的农妇——用手搂着他并称赞他，她知道他能唱，她认为他有些进步了。

她说："亲爱的，你比昨天唱得好多了，都让我忘记了自己在工作。你真是太棒了！"

她还节省下每一分钱，送他去上音乐课。男孩很开心，更加大声地歌唱，并在课堂上努力地学习。是这位母亲的话，改变了这个孩子的一生。他的名字叫恩瑞哥·卡罗素，他后来成了那个时代最伟大的歌剧演唱家。

卡罗素的妈妈并不懂音乐，但是她知道自己的孩子一直向着成为歌星这个梦想努力着。她懂得赞美的力量，知道她的孩子需要她的肯定和鼓励。即使男孩没有天赋成为一个伟大的歌唱家，但谁也没有资格剥夺他从唱歌中得到的快乐。为追求自己的理想而奋斗，这本身就是一件快乐的事情啊！他的妈妈也许只是不愿意看到自己的孩子一直心情沮丧，所以才坚定地鼓励他，让他看到了成功的希望，让他在艰苦的条件中逐步地成长。

一句鼓励，就能够让人坚定自己的理想，为了理想，他愿意去克服任何的缺陷，直到到达成功的彼岸。

所以，当看到别人已经付出许多努力，却还是失败了，要记得，一句赞美可以慰藉他受伤的心灵。世界上最珍贵的是雪中送炭，你的赞美就是融化别人心中冰雪的最温暖的阳光。

用"润物细无声"的善行成全别人

相信你是一个善良的孩子，随时准备着献出自己的爱心。但是，并不是每个人都会主动寻求帮助，因为他们有自己的身份和尊严。真正的善良，是在维护对方尊严的同时，静悄悄地帮助别人摆脱困境。这不同于直接帮助，因为对方甚至不会知道有个人在帮助他。这是一种更巧妙的善行，需要你动动脑子。善良的孩子，一定会想出聪明的办法。

善意需要表达，那就是善行，而善行有不同的表现方式。如果在施予援手的时候反而伤害了别人，那就适得其反了。没有人希望自己处在可怜的境地，得到别人的同情，而是渴望平等。记住，你是在帮助别人，而不是在施舍。在平等的地位上交往，别人会更容易接受。

给你讲一个故事吧。

中午，一家小吃店里，客人都已散去，老板正要喘口气翻翻报纸，有人走了进来，是一位老奶奶和一个小男孩。

奶奶坐下来，拿出钱袋数了数，叫了一碗热气腾腾的汤面，放在小男孩面前。

小男孩吞了吞口水，望着奶奶说："奶奶，您真的吃过午饭了吗？"

"当然了。"奶奶含着一块萝卜泡菜慢慢咀嚼着说。

一会儿工夫，小男孩就把一碗面吃了个精光。

老板看到这幅景象，走到两个人面前说："老太太，恭喜您，您今天运气真好，是我们的第一百个客人，所以这一餐免费。"

　　第二天中午，小男孩蹲在小吃店对面，老板抬头望去，看见男孩像在数着什么东西。小男孩每看到一个客人走进店里，就把小石子放进他画的圈圈里。但是午餐时间快过去了，小石子连五十个都不到。

　　看到这一幕，心急如焚的老板立即打电话给所有的老顾客："很忙吗？没什么事，我要你来吃碗汤面，今天我请客。"很快，客人们开始一个接一个地到来。"八十一，八十二，八十三……"小男孩数得越来越快了。终于，当第九十九个小石子被放进圈圈的那一刻，小男孩赶忙拉着奶奶的手进了小吃店。

　　看见他们吃得那么开心，一直看着他们的老板笑了。

　　小男孩和他的奶奶根本就不知道是有人在帮助他们，以为这只是小吃店的规则而已，所以他们吃得很开心。每个接受别人帮助的人，除了感激，总是想要回报，心里就产生了一种压力。如果小男孩和奶奶知道是老板在帮他们，他们还能吃得那么心安理得吗？如果他们知道真相，当然也会感谢老板，但同时也会感到惭愧，觉得自己给老板带来了麻烦，而且他们的困窘也被暴露在了别人的面前，这是多么尴尬的事情啊！小吃店的老板是真正的好心人，这样的做法就不会让他们有太大的负担，看着他们开心，自己也从中得到了快乐。

　　所以，一个善良的人，不仅仅愿意帮助他人，还很细心，能够看出别人的需要，然后不动声色地伸出援助之手，让别人能够坦然地接受。这样的善行，"润物细无声"，也是一种智慧呢。

微不足道的善举可能改变别人的生活

生活是由很多很小的细节组成的，不可能每天都是惊涛骇浪，也不总是需要你在生命攸关之际挺身而出。惊天动地的英雄壮举常常出现在小说、电影或动画片里。而我们，只要在普普通通的生活中细心地关爱身边的人，做好每一件小事就够了。比如，看到一位阿姨抱着一大堆东西进大楼，却腾不出手时，你跑在她面前帮她推开门。如果没有你的帮助，阿姨或许不知道怎么办才好。这一小小的举动，是你心中善意的流露，能够帮助她摆脱窘迫的境地。

这样的小事情就能说明自己是一个善良的人吗？你困惑地问。首先，善良是不需要证明的，对不对？只要能帮助别人，无论你所做的事情是大还是小都是值得称赞的。而且，对你来说是举手之劳的事情，对别人来说却意义重大，这一点，也许你自己都没有察觉到。

讲个故事吧，是一个老奶奶的遭遇。

那是一个阴云密布的午后。大雨瞬间倾泻而下，行人纷纷逃进就近的店铺躲雨。这时，一位浑身湿淋淋的老人，步履蹒跚地走进路边一家百货商店。看着她狼狈的样子和简朴的衣裙，所有的售货员都对她爱答不理。这时，一个年轻人诚恳地对她说："夫人，我能为您做点什么吗？"老妇人莞尔一笑："不用了，我在这儿躲一会儿雨，马上就走。"随即老妇人又心神不定了：不买人家的东西，却借用人家的屋檐躲雨，太不近情理了。于是，她开始在百货店里转起来，哪怕买个头发上的小饰物呢，也给自己躲雨找个光明正大的理由。正当她眼露茫然时，那个小伙子又走过来说："夫人，您不必为难，我给您搬了一把椅子，放在门口，您坐着休息就是了。"老妇人感激地对他点点头，安心地坐下了。

两个小时后，雨过天晴，老妇人向那个年轻人道了谢，就颤巍巍地走了出去。离去之前，老妇人要了一张年轻人的名片。

不久之后，小伙子收到了一张卡片，上面只有几句话：是你的椅子，让我相信不管风雨多大，总会有人出来，即使没有能力给你一个晴朗的天空，也会让你有一个落脚之处而不再害怕。谢谢你，小伙子。躲雨的老奶奶。

老奶奶在尴尬的境地里徘徊：一边是无情的风雨，一边是自己的自尊心——谁愿意让自己成为不受欢迎的人呢？如果她忍受不了店员的态度，最后宁愿冲进雨里，那可怎么办呢？老奶奶年纪大了，腿脚不方便，就算不会跌倒，也很可能感冒，她的身体受得了吗？幸好，小伙子带着椅子出现了，让老奶奶能安心地等待风雨过去，不必为自己的境地而惴惴不安。

还有一个故事，是关于一个小女孩的。从这里，你可以看到你的一个举动对别人生活产生的影响。

一个小镇里，每年5月的第一天，班里的男生都会把月季花悄悄放在自己心中最漂亮的女孩的桌子上。凯莉班里的女生都收到过月季，有的还会同时收到好几朵，只有凯莉例外，她从没收到过月季，但是旁边的人都不知道。每当她们兴高采烈地讨论是谁的花时，凯莉也会在一边笑，心里却默默地自卑，而且很害怕这个节日的到来。

又到5月，她早早地就到了学校，不是期待收到月季，而是当别人来的时候可以假装自己已经把花藏起来了。她推开门，果然很多同学的桌子上都放着月季。她走向自己的课桌，有些不敢相信——一朵漂亮的月季正躺在上面。她又惊又喜。这时她的好友希赛儿来了，看到她拿着月季，欢喜地跑过来大叫："好漂亮的月季，是谁送的？"凯莉红着脸摇摇头。但是那天后，她整个人都神采奕奕的，非常有精神，也比以前活跃了很多。第二年，她收到了两朵月季。她一直想知道是谁送了她第一朵月季。凯莉没有想到，是希赛儿。希赛儿知道凯莉的心事，当时只是想让凯莉高兴一下，在和同学们谈论月季时不再那么尴尬。但是一朵小小的月季，却能让凯莉重新获得自信，最后真正收到男孩子送的月季，恐怕是她自己也没有想到的吧。但正是因为希赛儿，凯莉再也不必陷入这种尴尬的境地了。

　　在好友的桌子上放一朵花，这是多么微不足道的事情，却能改变一个人的生活。生活就是因为这些小事情才变得那么多姿多彩，你说是不是？

打开心灵的篱笆，分享爱的照耀

　　美丽，是需要分享的。冰心奶奶说：墙角的花，你孤芳自赏时，天地便小了。再美好的东西，如果一直藏在墙角，它的光彩就会渐渐褪色。你知道"流水不腐，户枢不蠹"这句话吗？它的意思是说，流动的水才不会腐臭，常常转动的门轴才不会被虫子蛀掉。一个人的心灵也是如此，如果常常关着自己的心房，不愿意与人交流、与人分享，日子久了，就蒙上了尘土，有一天，连你自己也认不出来。

　　一个善良的人，往往心胸比较开阔，乐于分享。他把别人的快乐当作自己的快乐之源。有的人说，自己最快乐的事是有能力帮助别人，其实这就是与人分享你的爱心。如果你有东西分享，正是说明了你的价值。大家也喜欢和乐于与人分享的人交朋友，在交往中发现彼此的优点，拓展自己的生活空间。相反，一个自私自利的人，把心灵沟通的门锁了起来，实际上就是把自己与世界隔绝了，这样的心灵，怎么能不荒芜呢？

　　这里就有一个故事，告诉我们，一个不愿意与他人分享的人，自己最后也会失去。

　　贝尔太太是美国一位有钱的贵妇人，她在自己的别墅外面修了一座花园。花园又大又美，吸引了许多游客，他们毫无顾忌地跑到贝尔太太的花园里游玩。年轻人在绿草如茵的草坪上跳起了欢快的舞蹈；小孩子扎进花丛中捕捉蝴蝶；老人坐在池塘边垂钓；有人甚至在花园当中支起了帐篷，打算在此度过他们浪漫的盛夏之夜。贝尔太太站在窗前，看着这群快乐得忘乎所以的人们，看着他们在属于她的园子里尽情地唱歌、跳舞、欢笑。她越看越生气，就叫仆人在园门外挂了一块牌子，上面写着：私人花园，未经允许，请勿入内。可是这一点也不管用，那些人还是成群结队地走进花园游玩。贝尔太太只好让她的仆人前去阻拦，结果发生了争执，有人竟拆走了花园的篱笆墙。

后来贝尔太太想出了一个绝妙的主意，她让仆人把园门外的那块牌子取下来，换上了一块新牌子，上面写着：欢迎你们来此游玩，为了安全起见，本园的主人特别提醒大家，花园的草丛中有一种毒蛇。如果哪位不慎被蛇咬伤，请在半小时内采取紧急救治措施，否则性命难保。最后告诉大家，离此地最近的一家医院在威尔镇，驱车大约50分钟即到。这真是一个绝妙的主意，那些贪玩的游客看了这块牌子后，自然对这座美丽的花园望而却步了。可是几年后，贝尔太太的花园却因为太大，走动的人太少而真的杂草丛生，毒蛇横行，几乎荒芜了。孤独、寂寞的贝尔太太守着她的大花园，非常怀念那些曾经在她的园子里玩得很快乐的游客。

贝尔太太用一块牌子竖起了一堵与外界隔绝的墙。她吝啬地认为花园是她的，凭什么别人也可以享用呢？当她煞费苦心地把那些游客赶走后，却发现自己也被隔离在了花园之外，只留下孤独相伴。她在封闭自己的同时，也使快乐和幸福远离了自己。所以，快打开你心灵的篱笆，让阳光进来，让朋友进来，这样的心灵花园才永远不会荒芜。

每个人的心灵都需要阳光的照耀。就算外面阳光灿烂，如果你紧锁心房，不伸出手去拥抱，阳光又怎么会主动落到你身上呢？如果你想拥有更宽广的天地，那么请打开你的心房，去呼吸更多更自由的空气吧。否则，你就只能是一只井底之蛙，你看到的，只能是那窄窄的一小片天空。

第七章

同情是世上最为圣洁的情感

同情是世上最美的感情

持续的暴雨引发了山洪，翻滚的水流打着卷儿顺势而下，像个咆哮着的怪物，它经过的地方片甲不留。

一个小女孩紧紧地抱住一棵树，水就要没到她的脖子，她的眼睛死死地盯着前方，那里，一艘救生艇正在全速驶来……

看到这样的画面，许多人的心都会止不住颤抖，仿佛那个身处汪洋中的人就是自己。

将别人所受的痛苦假想移植到自己的身上，这就是同情心。

同情也许是这世上最美的感情了吧。

你和那个电视中的小女孩素未谋面，她的危险处境却让你的心一下子揪紧。许多时候，我们的眼泪并不只是为自己而流。

同情心，是心灵后花园中最美的钻石，因为它能将你的心打开，让更多的人在彼此的心里埋下爱的种子。一个常常因别人的苦痛而暗自垂泪的人，他能感受到的幸福也一定比常人多出许多。

如若不然，会怎么样呢？

一些幼教专家到一所幼儿园进行心理测试，问了这样一道题目："一个小妹妹发烧了，她冷得直哆嗦，你愿意借给她外套穿吗？"结果孩子们半天都不回答。当老师点名时，第一个孩子说："病了要传染的，她穿了我的衣服，那我也该生病了，我妈妈还得花钱。"

第二个孩子则说："我妈妈不让，我妈妈会打我的。"第三个孩子说："把我的外套弄脏了怎么办？"第四个孩子说："怕弄丢了。"结果半数以上的孩子都找出种种理由，表示不愿意借衣服给生病的小妹妹。

听到孩子们让人心寒的回答，一位幼儿园老师对这样的结果实在不甘心，她叫来自己4岁的儿子问道："一个小朋友没吃早点，饿得直哭，你正在吃早点，你该怎么做呢?"见儿子不回答，她又引导："你给他吃吗?""不给!"儿子回答得十分干脆。妈妈又说："可是，那个小朋友都饿哭了呀!"儿子竟答："他活该!"

如果，那个又冷又饿的小朋友正是我们自己呢?

一个懂得把关爱送给别人的人，才能够将自己的心灵花园照看得美丽繁盛。从不为别人的苦痛而心疼落泪的人，有一天，我们会为他的决绝而流下眼泪，因为，那可贵的同情心已经被他丢掉。

别忘了将尊重加入同情中

"我真的挺同情他的。"面对一个遭遇不幸的人，你一定常常会这样想。

可是，是否人人都喜欢被同情的感觉呢？就拿你自己来说吧，如果你总听到有人对你说："唉，真可怜，哪怕再长高一点也好啊！"这样的时候，如果你正在为比同龄人长得矮而发愁，这样的同情是不是会让你心生愤怒？

现在你在想什么？是正要把你的同情带给某一个与你熟识或陌生的人吗？同情的确是一件美好的礼物，如果能将尊重和爱加入其中。

一位母亲在街上遇见一个得了肿瘤的女人。比身体的病痛更使她痛苦的是，她的家人没有一个愿意帮助她，他们甚至把她赶了出来，使她无处栖身。母亲并不认识这个女人，但看见她这个样子，就深深地怜悯她、同情她。母亲对她说："那么，请到我家里去吧，让我来照顾你。"说着，母亲把这个素不相识的女人带回了家。

"孩子们，我们有客人来了。"进门的时候母亲喊道。这句听起来平平常常的话，却给了这个女人莫大的安慰，使她感到，自己还是被尊重的。

在三个孩子的帮助下，母亲安慰这位可怜的女人，供她吃住，花钱给她治病，并在一些琐碎麻烦的事情上亲自照顾她，直到她康复。

离别的时刻到了，女人紧紧地拉住母亲的手，眼里噙满泪水，她哽咽着说："恩人，我该怎么报答您呢？"

而母亲只是简单地回答道："什么也不需要你做，好好保重自己，就是对我最好的报答。"

相反，如果有人一边给予需要帮助的人，一边却又肆无忌惮地践踏别人的自尊心，这样的同情，有自尊心的人是不会乐于接受的。

人的尊严不会因为一时的困窘而消逝，相反，越是身处困窘中的人，越渴望理解，越珍爱自己的尊严。真正的同情中包裹着阻挡不住的爱意，可常常，它总是刻意乔装打扮一番，才来到你的门前。

通货膨胀导致大量城市工人失业，很多人四处流浪，甚至靠乞讨为生。一天，一个小农场里来了一个衣衫褴褛的外乡人，向农场主讨要一点儿吃的东西，因为他已经两天没吃饭了。年迈的农场主看了一眼这个外乡人，说道："农场的东边有一堆柴火，我老了，搬不动，如果你能帮我把这些柴火搬到后面的小屋里，我愿意支付 3 个面包作为工钱。"外乡人立即把柴火搬到了老人指定的小屋中，然后从老人手里接过面包，道谢之后，满心轻松地离去了。

第二天，又有一个饥饿的流浪汉来到这里讨饭，老人说："农场后面的小屋里有一堆柴火，我老了，搬不动，如果你能帮我把这些柴火搬到农场东边的空地上，我愿意支付 3 个面包作为工钱。"

事后，老人的孙子不解地问爷爷：为什么一堆柴火要每天搬来搬去？爷爷答道："没有人愿意接受别人的施舍，他们更愿意通过劳动得到理应的报酬。"

是理应的报酬而不是施舍！事情常常就是这样奇妙，简单的施予 3 个面包，一样能让流浪汉填饱肚子，可那样做就是把自己放在了一个施予者的位置上，像一个高高在上的国王在发号施令，不论你是平心静气地将面包递到他的手上，还是不屑地说一句"喂！拿去吃吧"，你们之间永远有着距离。而如果让他们通过劳动获得呢？那样就简单得多了，他们既得到了食物，也保全了尊严，这样的同情不露声色，却带着谦卑的善意，使人人都乐于领受。

换位思考，将坏消息震级减弱

去办公室拿作业时，老师刚改好的卷子就摊开放在桌子上，嘉嘉无意间瞥见了最上面的一份成绩，那是他的好朋友林晨的卷子，鲜艳的红笔让那个大大的"47"看上去显得更扎眼了。

从办公室出来的路上，嘉嘉的心情一直忐忑不安。他想一定要把这个消息告诉林晨，这样老师当众公布成绩的时候，林晨就可以有一点思想准备。可是要怎么说才好呢？嘉嘉没了主意……

当有好消息需要传递时，我们每个人都会无师自通地成为天才的导演，制造各种惊喜和逗乐的办法层出不穷。可当我们需要为传递坏消息也尽一份力的时候，思维却又会立刻在瞬间凝固。

的确，如果对一个坏消息不假思索就脱口而出，我们给别人带来的常常就是加倍的痛苦。

在医院的某些诊室里，我们经常能看到这样的情景：一名妇女双手捂着脸痛哭失声，因为医生刚刚告诉她乳腺癌已经扩散到了肝脏；在另一间诊室里，一名年轻的男子得知自己的双腿因为肌肉坏死的缘故必须要截肢，他感到前途暗淡，甚至丧失了继续活下去的勇气。

生活中，总是有许多的坏消息需要传达。我们该拿这许多的坏消息怎么办好呢？

有这样一个故事：

很早以前，有一群印第安人被白人追赶，处境十分危险。由于情况危急，酋长便把所有的族人召集起来谈话。他说："有些事我必须告知大家，我们的处境看起来很不妙，我这里有一个好消息，也有一个坏消息。"

族人中间立刻起了一阵骚动。

酋长说："首先我要告诉你们坏消息。"所有的人都紧张地站着，神色惶恐地等待着酋长的话。酋长说："除了水牛的饲料以外，我们已经没有什么东西可吃了。"大家立即发出了"可怕啊""我们可怎么办"的声音。突然，一个勇敢的人发问了："那么好消息又是什么呢？"酋长回答："那就是我们还存有很多的水牛饲料。"

一个人面临的最大险境，就是失去信心和希望。

酋长只是换了一种说话的方式而已，却足以让许多人重拾生的希望。

告诉别人坏消息的方法还有很多种。首先，既然犹豫和拖延并不能使问题得到解决，那就意味着与对方沟通得越早，留给他控制坏消息后果的准备时间也就越多。我们还可以在直截了当地说出坏消息之前，先营造一下气氛，比如，给他鼓励，让他知道即使将有很大的困难来临，也一定会有人与他并肩作战，或是总能找到解决的方法。

怎样告诉别人坏消息呢？答案其实很简单。如果你能体会别人在听到坏消息时的心情，如果你希望他们不会被坏消息打败，那你一定会不遗余力地开动脑筋，想出更多更好的方法来，让坏消息的震级在你这里就得到缓冲。

真情实意胜过一切礼物

生日里，如果昂贵的礼物和诚挚的祝福必须二选一，你更希望得到的是什么？比如，妈妈亲手精心编织的毛衣和标价不菲的名牌时装同时摆在面前，你更想要哪一件呢？完成这道选择题吧，看看在你的内心，物质的蛊惑和情感的力量到底哪个会最后占上风。

每个爱着我们的人，都希望能把他们认为最好的东西带给我们，只是有时因为经济或时间的原因他们无能为力。这时，苛求结果只是一个愚蠢的行为，因为这样做会给自己和别人增添无谓的烦恼。事实上，只要我们能了解并认真地感受过程，我们就是天底下最幸福的人了。

从前，有一位女孩名叫玛丽。她有一位年纪很大的奶奶，头发都白了，脸上也布满了皱纹。

玛丽的父亲在山上有一栋大房子。每天，太阳都从南边的窗户里射进来，房子里的每件东西都亮亮的，漂亮极了。奶奶住在北边的屋子里，太阳从来照不进她的屋子。

一天，玛丽对她的父亲说："为什么太阳照不进奶奶的屋子呢？我想，她也是喜欢阳光的。""太阳公公的头探不进北边的窗户。"她父亲说。

"那么，我们把房子转个个儿吧，爸爸。"

"房子太大了，不好转。"她爸爸说。

"那奶奶就照不到一点儿阳光了吗？"玛丽问。

"当然了，我的孩子，除非你给她带一点儿进去。"

从那以后，玛丽就想啊想啊，想着如何能带一点儿阳光给她奶奶。当她在田野里玩耍的时候，她看到小草和花儿都向她点头。鸟儿一边从这棵树跳到那棵树，一边唱着甜美的歌儿。世间万物好像都在说："我们热爱阳光，我们热爱明亮、温暖的阳光。""奶奶肯定也喜欢的，"孩子想，"我一定要带一点儿给她。"

一天早晨，她在花园里玩时，看到了太阳温暖的光亮照到了她金色的头发上。然后，她低下头，看到衣摆上也有阳光。"我要用衣服把阳光包住，"她想，"然后把它们带进奶奶的房子。"于是，她跳了起来，跑进了奶奶的屋子。"看，奶奶，看！我给你带来了一些阳光！"她叫着。然后，她打开了她的衣服，却看不到一丝阳光。

"孩子，阳光从你的双眼里照出来了，"奶奶说，"它们在你金色的头发里闪耀。有你在我身边，我不需要阳光了。"

玛丽不懂为什么她的眼睛里可以照出阳光，但她很愿意让奶奶高兴。

每天早上，她都在花园里玩耍。然后，她跑进奶奶的房子里，用她的眼睛和头发，给奶奶带去阳光。

寄予同情就像馈赠礼物一样，重要的是内心的感受。当你用心为别人表达出一片善意时，人们的心里自然就会充满阳光了，它比真的阳光还要温暖、灿烂无数倍。

所以，不要总是用自己的一套标准去评判他人。工作繁忙的爸爸虽然不能陪你去游乐场、给你买玩具，但如果你知道了他不论回来多晚，都会去你的房间看看，给熟睡中的你一个香甜的吻，你还会心生怨恨吗？相信，你的心里一定也会充满暖暖的阳光吧。

在乎内心和过程，看淡礼物和结果，这才是聪明人的做法。

好好爱护一切上苍恩赐的生命

如果我只是一只小狗，而不是你的小孩儿，亲爱的妈妈，当我想吃你盘里的东西时，你要向我说"不"吗？

你要赶开我，对我说"滚开，你这淘气的小狗"吗？

那么，走吧，妈妈，走吧！当你叫唤我的时候，我就永不到你那里去，也永不要你再喂我吃东西了。

如果我只是一只绿色的小鹦鹉，而不是你的小孩儿，亲爱的妈妈，你要把我紧紧地锁住，怕我飞走吗？

你要对我摇你的手，说"怎样的一只不知感恩的贱鸟呀！整夜地尽在咬它的链子"吗？

那么，走吧，妈妈，走吧！我要飞到树林里去，我就永不再让你抱我在你的臂里了。

一个小男孩抓住了一只青蛙，完全出于取乐心理，他用小刀砍下了青蛙的两条腿，然后看着青蛙痛苦地在地上爬行。他的妈妈看到了这一幕后，把他叫了过来。于是就有了以下的对话。

"晓业，为什么要砍下青蛙的腿呢？"妈妈问道。

"我觉得这样好玩啊！"孩子笑着回答。

"如果有人把妈妈的两条腿砍下来，你也会觉得很有意思吗？"

晓业一下子就哭了，哭得好伤心。

海婷家楼下有一个很大的花园。她常常从家里提来开水，浇进蚂蚁的洞穴，接着把一些幸存的蚂蚁转移到一张纸片上，然后用火把它们烧成粉末；有时，她会突然对树上的鸟窝产生兴趣，然后取来弹弓，将一只只还没来得及孵化的鸟蛋打成糊糊状；秋天的时候，她揪下蚱蜢粗壮的后腿穿在牙签上烤熟了吃；有时她也会戴上手套，让许多昆虫在她的手里尸首分家或变成没有翅膀的丑陋爬虫……

一个普通的夏天的午后，湖边的几棵树开始飘散一些白色的纤维，大团大团的，像棉花似的，有些飘到草地上，有些飘入湖水里。整个下午，整个晚上，漫天都是那种小型的云朵，颇为壮观。它们在凭借风力播送种子。一个孩子走过，他跳跃着把云朵抓在手里，撕扯着、揉搓着，兴奋地哈哈大笑。他不知道，那小小的蕴含着生命的种子还没来得及生长就已经在他的手心里消逝。

宇宙无限大。看繁星满天，才知道人类的存在是多么渺小。还好，人类的存在并不孤独，还有许多生命与我们相伴。那会想象的聪明海豚，那整天忙碌的小小蚂蚁，还有那"能言善辩"的虎皮鹦鹉……我们相互依偎着世代生息，走过了几千甚至几亿年的风雨变迁，地球是我们共同的生命摇篮。

生命究竟是怎么一回事呢？这个星球是人类说了算，还是所有的生物都是共同的主人？

在你的周围，一定也有许多动植物，你是怎么和它们相处的呢？比如，遇到一只流浪的小猫带着祈求的眼神朝你喵喵直叫，你是把手里的火腿肠掰碎了分给它一些，还是厌恶地将它一脚踢开？看到几只蚂蚁正在地上匆忙地觅食，你是肆意地踩一只脚上去让它们瞬间成为肉泥，还是小心翼翼地走过，将它们视为一个平等的生命来呵护？

看见成百上千条小鱼因为暴风雨被冲上了海岸，在浅水湾里痛苦地挣扎，一个小男孩立刻毫不犹豫地充当起救世主的角色，他一次次将腰弯成虾米状，用力地甩着手臂，把一条条小鱼送回大海。有人看见了，闷头走开，也有人默默地帮他一起捡，当海滩上的人越来越多时，大多数小鱼都幸运地回到了大海。

生命是上苍珍贵的恩赐，不论这生命属于一个人、一棵草，还是一条纯净的小溪，都是一种独一无二的存在。如果你恰好栽种了这一盆水仙，如果你恰好捡回了这一只小鸟，好好对待和照顾它们吧，就像爱护我们自己一样。

因为，我们都是这浩渺星空里的柔弱一粒沙。

第八章

用宽容给善良更广阔的空间

停止抱怨，每个人都会犯错

你见过一个从未犯过错的人吗？

最爱你的妈妈可能会在某天的争吵中，说出一句让你十分伤心的话；最令你有安全感的爸爸，可能会在某个下雨的晚上丢下你一个人出去执行任务；一个敲着盲杖散步的陌生人可能会在行走的途中碰脏你的衣服……

这些"可能"随时都会发生，有时你会交到好运，有时也会突然遭遇大雨倾盆。这样的时候该怎么办好呢？

你的第一反应一定是抱怨，因为抱怨的话总是很容易就能说出口，诸如："你们根本就不关心我！""你早就不愿意管我了！""你怎么走路的，就不能小心点儿啊？"我们可以胡乱发顿脾气，可这样做，对解决问题并不能有一点儿帮助。

你见过一个从来不会犯错的人吗？

和弟弟做游戏时，你也会不小心把他撞倒，让他的膝盖留下一道疤痕；跟同学交往时，你也许会突然说出几句冒犯别人的话，让人家下不来台；跟妈妈争吵时，你也会一时糊涂说出一句让妈妈十分伤心的话……

这些"可能"也随时都会发生，有时你会交到好运，很快得到别人的原谅；有时会受到很长时间的记恨；有时会因此失去一个朋友。当自己的过错不能得到别人原谅的时候该怎么办好呢？

你一定很自责对不对？你会很怕见到被你伤害的人，或者会想尽办法去求得人家的原谅。假如这些都不奏效，你的心就会一直受着痛苦的煎熬。

到哪里可以找到一个永远不会犯错的人呢？

想一想当我们犯错时忐忑焦急的心情，就可以知道，如果别人伤害了你，他们的心里也一定不会好过。那么，为什么不可以对别人的过错一笑了之呢？抱怨只是多增添一份烦恼，因为每个人都会犯错，宽容是一门我们该及早掌握的功课。

豁达对待他人的过错

　　地球上忙忙碌碌地生活着多少人啊！大家来自不同的国家、不同的家庭，有着不同的生活习惯、不同的价值标准。这么多人在一起和平共处，还真的不是一件容易的事呢！

　　因为摩擦总是难以避免。坐公交车时，一个急刹车，就会有人不小心踩到别人的脚；在餐厅吃饭时，一个急转身，可能会将热汤洒到邻座的人身上。

　　这许多的小麻烦，就像生活中的一段段小插曲，如果你用理所应当的心情来看待，就会一笑了之；如果你非要争出个高低上下，则是在给自己增添无端的烦恼。不责难别人的细微过错，是一种善良，更是一种宽容的生活态度。

　　丘吉尔在退出政坛后，有一次骑着一辆脚踏车在路上闲逛。这时，也有一位女士骑着脚踏车，从另一个方向疾驶而来，由于没刹住车，最后竟撞到了丘吉尔。"你这个糟老头到底会不会骑车？"

　　这位女士恶人先告状地破口大骂，"骑车不长眼睛吗？……""对不起！对不起！我还不太会骑车。"丘吉尔对那位女士的恶行恶状并不介意，只是不断地向对方道歉，"看来你已经学会很久了，对不对？"这位女士的气立刻消了一半，再仔细一看，他竟然是伟大的首相，只好羞愧地说道："不……不……你知道吗？我是半分钟之前才学会的……教我骑的就是阁下。"

　　丘吉尔的智慧确实令人惊叹，然而更令人敬佩的是他那宽以待人的风度。他用智慧宽恕了别人，也为自己创造了一个融洽的人际环境。如果他不采取这种方式，而是针锋相对，又会怎样呢？结果可想而知。

《尚书》中说："必定要有容纳的雅量，道德才会广大；一定要能忍辱，事情才能办得好！"

宋朝宰相富弼，处理事务时，无论大事小事，都要反复思考，因为太过小心谨慎，因此就有人批评他、攻击他。有一天，就在他马上要上朝的时候，有人让一个丫鬟捧着一碗热腾腾的莲子羹送给他，并故意装作不慎打翻在他的朝服上。富弼对丫鬟说："有没有烫着你的手？"然后从容地换了朝服。拥有这样的气量，能不当好宰相吗？

面对他人的细微过错，不论是有意还是无意，如果都能用一颗豁达的心泰然处之，实际上，我们就在宽容别人的同时，也美丽和丰富了自己的生活。

懂得宽恕自己，才能远离错误

最该宽恕的人，其实是我们自己。因为一个懂得宽恕自己的人，才能真正地远离错误。

某个小镇上，有两个少年因为偷羊被捕，得到的惩罚是在他们两人的前额烙上两个英文字母 ST，是"Sheep Thief"（偷羊贼）的缩写，然后他们就被释放了。虽然获得了自由，可大大的标志写在脸上，心理的自责和煎熬令他们非常难受。其中一个少年受不了这种羞辱，就躲藏到别的地方去了，可是他碰到的陌生人仍旧不停地问他这两个字母究竟是什么意思，他的心头不得宁静，痛苦不堪，不久就抑郁而终了。

另一个少年并不这样想，他说："我虽然无法逃避偷过羊的事实，但我仍旧要留在这里，赢回人们对我的尊敬。"一年一年过去，少年成了老人，但他也重新建立起正直高尚的名誉。一天，有个陌生人看到这位老人头上有两个字母，就问当地人，这究竟是什么意思。当地人笑着说："那已经是多年以前的事了，我们也忘了这件事的细节，不过那两个字母应该是'Saint'（圣徒）的缩写吧。"

多么富有戏剧性的结局，少年用自己的行动改变了人们对他的看法，人们甚至不再记得他的过去。而这一切的发端，都得益于少年对自己的宽恕。

虽然，我们所犯的过错不可避免地要在成长的过程中刻上烙印，可如果我们能够勇敢地去面对，积极改正，我们就能获得另一种更有意义的成长。

年轻的岁月总是让人羡慕，因为不论我们犯了什么错误，改正总是来得及。如果我们能宽厚地原谅别人犯下的过错，那么为什么不对自己也仁慈和有耐心一些呢？

正像卡耐基所说的一样："若能抬起头承认自己的错误，那么错误也能有益于你。因为承认一桩错误，不仅能增加四周人们对你的尊敬，还将增加你的自信。"

别让他人的错误吞噬自己的快乐

当痛苦来临的时候该怎么办好呢？忘掉那使你痛苦的原因，才能获得真正的解脱，否则我们很容易陷入严酷的自我惩罚中去。

因为文文弄脏了你心爱的小画书就不再和文文说话，因为爸爸的一次食言就不再相信他的任何许诺……如果你总在记恨别人哪怕是无意间犯下的过错，结果会怎么样呢？我们只是改变了自己的心情——让它变得更糟了而已。我们用别人的过错冰冻住了自己的笑容！一个多么不值得的代价，因为对别人的某个错误念念不忘，让我们自己的生活变得一团糟。

这样的情形时常在发生：准备晚餐时，还在想着同桌向老师打小报告的事，一不留神就切到了自己的手指；做作业时，还在想着被雷雷滴上蓝墨水的白裙子，作业本上鬼使神差地就写上了雷雷的名字……

这真是太奇怪了，明明是别人的错，为什么惩罚却会落在自己的头上？

一位画家在集市上卖画，不远处，前呼后拥地走来一位大臣的孩子，这位大臣在年轻时曾经把画家的父亲欺诈得心碎地死去。这孩子在画家的作品前流连忘返，并且选中了一幅，画家却匆匆用一块布把它遮盖住，并声称这幅画不卖。从此以后，这孩子因为心病而变得憔悴起来。最后，他父亲出面了，表示愿意付出一笔高价。可是，画家宁愿把这幅画挂在自己画室的墙上，也不愿意出售。他阴沉着脸坐在画前，自言自语地说："这就是我的报复。"

每天早晨，画家都要画一幅他信奉的神像，这是他表示信仰的唯一方式。可是现在，他觉得这些神像与他以前画的神像日渐相异。这使他苦恼不已。他不停地找原因。

突然有一天，他惊恐地丢下手中的画，跳了起来：他刚画好的神像的眼睛，竟然是那大臣的眼睛，而嘴唇也是那么的酷似。他把画撕碎，并且高喊："我的报复已经回报到我的头上来了！"

这个故事告诉我们，让仇恨的种子在心里生根发芽，只会吞噬掉自己的快乐。

不肯宽容，执着于坏心情，其实就是在用别人的过错惩罚自己。释迦牟尼说："以恨对恨，恨永远存在；以爱对恨，恨自然消失。"

从前有一个富翁，他有三个儿子，在他年事已高的时候，富翁决定把自己的财产全部留给三个儿子中的一个。可是，到底要把财产留给哪一个儿子呢？富翁于是想出了一个办法：他要三个儿子都花一年时间去游历世界，回来之后看谁做了最高尚的事情，谁就是财产的继承者。

一年时间很快就过去了，三个儿子陆续回到家中，富翁要三个人都讲一讲自己的经历。大儿子得意地说："我在游历世界的时候，遇到了一个陌生人，他十分信任我，把一袋金币交给我保管。后来那个人意外去世了，我就把那袋金币原封不动地交还给了他的家人。"二儿子自信地说："当我旅行到一个贫穷落后的村落时，看到一个可怜的小乞丐不幸掉到湖里了，我立即跳下马，从河里把他救了起来，并留给他一笔钱。"三儿子犹豫地说："我没有遇到两个哥哥碰到的那种事。在我旅行的时候遇到了一个人，他很想得到我的钱袋，一路上千方百计地害我，我差点儿死在他手上。可是有一天我经过悬崖边，看到那个人正在悬崖边的一棵树下睡觉，当时我只要抬一抬脚就可以轻松地把他踢到悬崖下，我想了想，觉得不能这么做。正打算走，我又担心他一翻身掉下悬崖，就叫醒了他，然后继续赶路了。这实在算不上什么有意义的经历。"富翁听完三个儿子的话，点了点头说道："诚实、见义勇为都是一个人应有的品质，称不上是高尚。有机会报仇却放弃，反而帮助自己的仇人脱离危险的宽容之心才是最高尚的。我的全部财产都是老三的了。"

　　试想，如果当时三儿子为了报仇而将那个想要加害他的人推下悬崖，这样他就一定会受到良心的谴责，多一重惩罚的痛苦。而选择了宽容，就让自己也获得了解脱。这样的善良，难道不是最大的智慧吗？

宽容是医治悲痛的良方

我们常常在自己的脑子里预设一些规定，以为别人应该有什么样的行为，如果对方违反规定就会引起我们的怨恨。其实，因为别人对"我们"的规定置之不理就感到怨恨，是一件十分可笑的事。大多数人都一直以为，只要我们不原谅对方，就可以让对方得到一些教训。也就是说：只要我不原谅你，你就没有好日子过。而实际上，不原谅别人，表面上是那人不好，其实真正倒霉的人却是我们自己，生一肚子窝囊气不说，甚至连觉都睡不好。这样看来，报复不仅让我们不能实现对别人的打击，反倒对自己的内心是一种摧残。

有一位好莱坞的女演员，失恋后，怨恨和报复心使她的面容变得僵硬而多皱，她去找一位最有名的美容师为她美容。这位美容师深知她的心理状态，中肯地告诉她："你如果不消除心中的怨和恨，对他人多一点儿包容，我敢说全世界任何美容师也无法美化你的容貌。"

对待自己的最好方式唯有宽容，宽容能抚慰你暴躁的心绪，弥补不幸对你的伤害，让你不再纠缠于心灵毒蛇的咬噬中，从而获得自由。

生活中，我们难免与别人产生误会、摩擦。如有的伤了自己的面子，有的让自己下不了台，有的当众给了自己难堪，有的对自己有成见，等等。如果不注意，仇恨在心底悄悄滋长，你的心灵就会背负上报复的重负而无法获得自由。

乔治·赫伯特说："不能宽容的人损坏了他自己必须去过的桥。"这句话的智慧在于，宽容使给予者和接受者都受益。当真正的宽容产生时，没有疮疤留下，没有伤害，没有复仇的念头，只有愈合。宽容是一种医治的力量，不仅能医治被宽容者的缺陷，还可以挖掘出宽容者身上的伟大之处，正如美国作家哈伯德所说："宽容和受宽容的难以言喻的快乐，是连神明都会为之羡慕的极大乐事。"

有人给宽容作了一个十分美的比喻，他说："一只脚踩扁了紫罗兰，它却把香味留在那脚跟上，这就是宽容。"

1944年冬天，苏军已经把德军赶出了国门，上百万的德国兵被俘虏。一天，一队德国战俘从莫斯科大街上穿过，所有的马路上都挤满了人。他们每一个人，都和德国人有着一笔血债。

妇女们怀着满腔仇恨，当俘虏出现时，她们把手攥成了拳头。士兵和警察们竭尽全力阻挡着她们，生怕她们控制不住自己。

这时，最令人意想不到的事情发生了：一位上了年纪的犹太妇女，从怀里掏出一个用印花布方巾包裹的东西。里面是一块黑面包，她不好意思地把它塞到一个疲惫不堪的、几乎站不住的俘虏的衣袋里。

她转过身对那些充满仇恨的同胞们说："当这些人手持武器出现在战场上时，他们是敌人。可当他们解除了武装出现在街道上时，他们是跟所有别的人，跟'我们'和'自己'一样的人。"

于是，整个气氛改变了。妇女们从四面八方一齐拥向俘虏，把面包、香烟等各种东西塞给这些战俘。

仇恨是带有毁灭性的情感，只会激化矛盾，酿成大祸。宽容的心却能轻易将恨意化解，让紧张的气氛化成脉脉温情。能将宽容之心给予敌人，已经可以称得上圣洁了，即便只是一个贫苦的犹太老妇人，也完全担得起"伟大"两个字。

人生总有存在的意义，如果只为一个仇恨的目的而生存，那么仇恨会毁掉你的心智、迷惑你的眼睛、吞噬你的心灵。报复是一把双刃剑，它不但会伤害到别人，还会使你自己落入恨的陷阱，恨会使你看不到人间的关爱与温暖，即使在夏日也只能感受到严冬般的寒冷。

既然我们都举目共望同样的星空，既然我们都是同一星球的旅伴，既然我们都生活在同一片蓝天下，那我们为什么还总是彼此为敌呢？请不要忘记世间唯有两个字可使你和他人的生活多姿多彩，那就是宽容。

多一些大度，少一些计较

大度，是一种修养，是一个人健全人格和健康心理的体现。大度也是一种气质，是一个人幸福生活的前提。大度来自人的理念、理想追求及道德修养。要做到大度、不小气，首先要有包容心态。拥有包容心态的人在看问题方面会比较大气，而心胸狭隘的人只能囿于自己的小圈子里面，为了鸡毛蒜皮的事情跟人吵得面红耳赤。

因此，我们要始终怀着一颗宽容的心去观察和认识世界，要用长远的眼光去看问题，只有这样，才能具有宏大而深邃的视野，才能有宽阔的胸襟。

从前有两个人，一个叫提耆罗，一个叫那赖。这两个人神通广大，本领高超，无论是婆罗门、佛家弟子，还是仙人、圣人、龙王及一切鬼神，无不钦佩。

一天夜里，提耆罗因长时间诵经感到十分疲乏，先睡了。那赖当时还没有睡，一不小心踩了提耆罗的头，使他疼痛难忍。提耆罗一时心中大怒地说："谁踩了我的头？明天清早太阳升起一竿子高的时候，他的头就会破为七块！"那赖一听，也十分恼怒地叫道："是我误踩了你，你干什么发那么重的咒？器物放在一起，还有相碰的时候，何况人和人相处，哪能永远没有个闪失呢？你说明天日出时，我的头就要裂成七块，那好，我就偏不让太阳出来，你看着好了！"

由于那赖施了法术，第二天，太阳果然没有升起来。一连几天过去了，太阳仍没有出现。两个人由于心胸狭窄，不能宽容对方，从而让整个世界都处在了一片漆黑中。

这个小故事告诉了我们一个深刻的道理：做人要大气、大度，不能够小肚鸡肠，否则对自己也不利。

宽容处世，历来被我国历史上的仁人贤士所推崇。"唯宽可以容人，唯厚可以载物。"有些人却是完全"严以待人，宽以律己"。如果别人稍微做错了一点儿事情，就借题发挥，破口大骂，完全不顾他人感受，似乎别人就会一错再错，要把别人的尊严踩在脚下。如果自己做错了事情，则可以把黑的说成白的，或者干脆推卸责任。这种人恐怕没有几个人敢去沾惹。在人际关系中，这种小鼻子小眼的行为正犯了大忌，一次两次的短期接触还好，长此以往则会招人怨。

曾有王姓的两兄弟，合伙在东莞开办制衣厂。兄弟俩苦苦经营了10年，眼看这家厂有了起色，财源滚滚而来，然而，弟媳却开始怀疑大伯多占了便宜，兄嫂也开始怀疑小叔子暗中多吞了钱财，不久，两兄弟便闹起了"家窝子"，又是争权，又是争钱。一个好端端的工厂，因为两兄弟最后都把心思用到了闹分家上，再也没人来管理，而市场经济是无情的，所以没过多久便关门倒闭了。

这个故事应该能够给人以警示，当你斤斤计较时，你会失去更多！

避免小气，就要做到心理平衡。这既是保持身心健康的良方，又是事业成功的重要条件。善于调节心理平衡的人，必然心胸宽广，不会计较于一时得失，什么伤心事、苦恼事统统都可置之度外。这样就能大度待人，公道处事，使生命的质量得到提高。反之，小肚鸡肠、心胸狭窄，动不动就落个心理不平衡，在这样的心态下生活，生活的质量必然会大打折扣。

清代学者张湖曾说："律己宜带秋风，处事宜带春风。"让我们多一些长远的目光，少一些狭隘的思维；多一些磅礴大气，少一些小肚鸡肠；多一些理解，多一些宽容，多一些主见，不轻易受别人的影响。这才是符合禅的哲理和智慧，这才是有为之人所必备的气质和胸怀。

　　宽容，不只是一种思想，更是一种可以实践的本质，因为它是每个人都具备的一种无限宽阔广大的"空性"本质。当我们往清净的本性回返时，学会宽容别人，就是学会宽容自己，给别人一个改过的机会，就是给自己一个更广阔的空间！

第九章

惜福感恩，我们原来如此幸运

感恩来自对生活的爱与希望

提起霍金，人们就会想到这位科学大师那永远深邃的目光和宁静的笑容。世人推崇霍金，不仅因为他是智慧的英雄，更因为他还是一位人生的斗士。

有一次，在学术报告结束之际，一位年轻的女记者面对这位已在轮椅上生活了30余年的科学巨匠，深表敬仰之余，她又不无悲悯地问："霍金先生，卢枷雷病已将你永远固定在轮椅上，你不认为命运让你失去太多了吗？"这个问题显然有些突兀和尖锐，报告厅内顿时鸦雀无声，一片静谧。霍金的脸庞却依然充满恬静的微笑，他用还能活动的手指，艰难地叩击键盘，于是，随着合成器发出的标准伦敦音，宽大的投影屏上缓慢而醒目地显示出如下一段文字：我的手指还能活动，我的大脑还能思维；我有终生追求的理想，有我爱和爱我的亲人和朋友；对了，我还有一颗感恩的心……

心灵的震颤之后，掌声雷动。人们纷纷拥向台前，簇拥着这位非凡的科学家，向他表示由衷的敬意。这个世界不缺少善良，这个社会也不缺少感动，在人人都急功近利地追求着自己的梦想时，有几个人能想到"感谢"这个词语？这个最平常、最容易说出的词语，的确就根植在心里，而不是脱口而出的一句寒暄？

感恩是一种心态，是对生活的一种发自内心的热爱。无论目前处在多么恶劣的境地，感恩者都会记住自己拥有的"半碗水"，珍惜他生命里拥有的财富。

一个寺院的方丈，曾立下一个奇怪的规矩：每到年底，寺里的和尚都要面对方丈说两个字。第一年年底，方丈问新和尚心里最想说什么，新和尚说："床硬。"第二年年底，方丈又问新和尚心里最想说什么，新和尚说："食劣。"第三年年底，新和尚没等方丈提问，就说："告辞。"方丈望着新和尚的背影，自言自语地说："心中有魔，难成正果。"

"魔"就是新和尚心里没完没了的抱怨。像新和尚这样的人在现实生活中有很多，他们总是怨气冲天，总觉得别人欠他的，社会欠他的，从来感觉不到别人和社会为他所做的一切。这种人只会心里有抱怨，却不会有所成就。而对生活常怀有一颗感恩之心的人，即使遇上再大的灾难，也能熬过去，因为在他们的眼里，每天都充满着无尽的希望。

生命的整体是相互依存，每一样事物都会依赖其他事物而存在。无论是父母的养育、师长的教诲、爱人的关爱、他人的服务……人自从有生命起，便沉浸在恩惠的海洋里。如果一个人真正意识到这一点，那么，他就会感恩大自然的福佑，感恩父母的养育，感恩社会的安定，感恩衣食饱暖，感恩花草鱼虫，感恩苦难逆境。因为真正促使自己成功的，不是优裕和顺境，而是那些常常可以置自己于困境的打击、挫折和对立面。

感恩是一种处世哲学，是生活中的人智慧。人生在世，不可能总是一帆风顺，种种失败、无奈都需要我们勇敢地面对，旷达地处理。当挫折、失败来临时，是一味地埋怨生活，从此变得消沉、萎靡不振，还是对生活满怀感恩，跌倒了再爬起来？这决定了你能否从生活中得到幸福和甜蜜。

英国作家萨克雷说："生活就是一面镜子，你笑，它也笑；你哭，它也哭。"感恩不纯粹是一种心理安慰，也不是对现实的逃避。感恩，是一种歌唱生活的方式，它来自对生活的爱与希望，它使我们的生活充满芳香和阳光。

感谢别人给你的一片阳光

很多人才貌双全，拥有让人羡慕的家境和学历，但他们并不快乐。无论物质的给予是多么丰厚，他们都不会感到满足和幸福。而不幸福的人，往往容易被时间催老，淡忘生活的意义。

其实，幸福是一种感觉，虽然有外在的因素，但更多地取决于自己的内心。

拥有感恩的心才是快乐的秘诀。对生活拥有一颗感恩之心的人，即使物质生活再贫穷，也可以拥有很多的快乐。感恩的心不是天生就有的，它是后天培养的。

一家外资公司的公关部需要招聘一位职员，前来应聘的人经过甄选，最后只剩下了五个。公司告诉这五个人，聘用谁得由经理层会议讨论才能决定，结果会在三天内发到他们的邮箱里。

三天后，其中一位的电子邮箱里收到一封信，信是公司人事部发来的，内容是："经过公司研究决定，很抱歉，你落聘了。我们虽然很欣赏你的学识、气质，但名额有限，这实是割爱之举。公司以后若有招聘名额，必会优先通知你。你所提交的材料在被复印后，不日将邮寄返还于你。另外，为感谢你对本公司的信任，还随信寄去本公司产品的优惠券一份。祝你好运！"

看完电子邮件，她知道自己落聘了，有点儿难过！但又为该公司的诚意所感动，便顺手花了一分钟时间回复了一封简短的感谢信。

但在两天后，她却接到了那家外资公司的电话，说经过经理层会议讨论，她已被正式录用为该公司职员。

她很不解，后来才明白邮件其实是公司的最后一道考题。她能胜出，只不过因为多花了一分钟时间去感谢。

在日常生活中，父母常抱怨孩子们不听话，孩子们抱怨父母不理解他们；男孩子抱怨女孩子不够温柔，女孩子抱怨男孩子不够体贴；在工作中，也常出现领导埋怨下级工作不得力，而下级埋怨上级不够理解，不能发挥自己的才能。总之，许多人对生活永远是一种抱怨，而不是一种感激。他们只是在意自己有没有得到什么好处，却不曾想别人付出了多少。如果一个人不能够经受世界的考验，感受这个世界的美好，心胸只能容得下私利，那他就得不到幸福。

生命的个体是相互依存的，世界上每一样东西的存在都依赖于其他东西。父母的养育，师长的教诲，配偶的关爱，他人的服务，大自然的慷慨赐予……你从出生那天起，便沉浸在恩惠的海洋里。你只有真正明白了这个道理，才会感恩大自然的福佑，感恩父母的养育，感恩社会的安定，感恩食之香甜，感恩衣之温暖，感恩花草鱼虫，感恩苦难逆境。就连自己的敌人，也不要忘记感恩，因为真正促使自己成功，使自己变得机智勇敢、豁达大度的，不是顺境，而是那些常常可以置自己于死地的打击、挫折和对立面。

如果你想要让你的心胸像大海一样宽广，要想给宽广的心洒下一缕缕温暖的阳光，就需要参透感恩这门哲学，让感恩渗透到你的一言一行中去。

学会感恩并不难，感恩可以随时随地携带，感恩常常出于自然。以感恩的心做好身边的每件小事，以感恩的心去对待身边每一个人，便能让你心灵的天空永葆一份雨后初晴般的澄澈湛蓝。

每天写封感谢信

你多久写一封信？如果让你每天写一封感谢信，你是不是觉得太不可思议了？你也许会在心里想，每天都平平淡淡的，哪有那么多东西值得感谢呀！可是请试着静下心再仔细想想，你的幸福生活是由多少人帮你搭建而成的呢？今天妈妈是不是很早起床为你准备了早餐？司机叔叔是不是安全地把你送到了学校？看守校门的老爷爷是不是准时把门打开，让你们可以按时进学校学习？这一切难道不都值得你感谢吗？如果有一天，这些都消失了，你的生活还能像现在这样继续下去吗？

一个心里充满爱的人，对周围的一切都有着感恩之情。如果没有阳光雨露，世界将是一片不毛之地，到处都光秃秃的，我们怎么能生活下去呢？如果没有农民伯伯种庄稼，恐怕每天都会饿肚子吧？要是妈妈不早起做饭，你就吃不到香喷喷的早餐了吧？当你吃饭的时候，会想到他们并感谢他们吗？如果你会，你就是一个心里充满爱的孩子。感谢，是生活的一种态度，是对别人付出的尊重，是对别人爱的回报，告诉他们，你知道并感谢他们所做的一切。怀着这样的态度生活，每天都将是快乐而充实的。一颗感恩的心，懂得接受并善待生活所给予的一切：感谢苦难，让我学会了坚强；感谢背叛，让我懂得了忠诚；感谢风雨，让我看到了彩虹。

然而，爱是需要传达的，要告诉他们，你懂得他们的付出，并对此心怀感激。就像下面这则故事里的小孩儿一样。

安娜的爸爸每天在她起床前就去工作了，晚上等她睡下才回家，所以安娜很难见到他。一天，他回到卧室，发现床头放着一封信。

"亲爱的爸爸，我知道您每天工作都很忙，所以总是见不到您。真的很想和您说说话，因为我想告诉您我非常爱您。我很感谢您给了我这个家，让我每天都能够安心地睡觉，而且您从不忘记我的生日，总是给我买好多礼物，让我变成小公主。您知道吗？班里很多同学都很羡慕我呢。还要感谢您对妈妈那么好，您送的那条围巾妈妈一直珍藏着。我知道妈妈从来没有和您说起过，但是她真的也很爱你。我也感谢妈妈，每天晚上都给我讲故事，第二天还要送我去学校。亲爱的爸爸，我知道您很辛苦，我只想告诉您，我感谢您所做的一切。爱您的安娜。"

爸爸看了之后，眼里充满了泪水。他一直以为妻子很冷漠，这个家就像是一个累赘。但是现在，他才发现，所有的辛苦都是值得的，好像也不那么累了，此刻自己被一种久违的幸福包裹着。他走到安娜的床前，看着这个带着甜甜的微笑入睡的小女孩，亲了亲她的额头："亲爱的安娜，你真是个小天使。"然后走到妻子那里，低下身子抱着她，轻轻地说："亲爱的，我也很爱你。"

安娜在信中所感谢的，你的身边一定也有吧？你从中感受到幸福，并向你的爸爸妈妈表示感谢了吗？也许你的快乐已经让他们心满意足了，但是如果你能亲亲他们的脸，说声："太谢谢你们了，爸爸妈妈！"他们一定会更加开心。

平凡而相似的生活之所以能让我们感到幸福，就是因为其中有那么多值得感激的点点滴滴。也许这些琐事实在太微小，所以只有心怀感恩的人才能察觉并捕捉到它。如果你能感受到生活的美好，那实在太幸运了！请你不要吝于表达，一个微笑、一句谢谢都是最好的感谢信。

笑对逆境

幸福，不只是在阳光灿烂的日子里，奔跑在田野上的兴高采烈，更是在雨天，即使衣服被淋透了，依然能保持灿烂的笑容。既然逆境不会因为我们的抱怨而有任何改变，那么，干脆用微笑来面对它吧！

你知道黄山的迎客松为什么那么有名吗？普通的松树都长在平缓的坡地上，这棵松树却长在陡峭的岩壁上。这样的地形，普通的树都很难生长，更何况是笔直地伸向天空的松树呢？但是，它顽强地生存了下来，最后还成了黄山四大名景之一。每一个逆境，换一个角度看，都是一次挑战，而每一次挑战都是一个机遇。如果这棵松树生长在平地上，它还能受到这么多人的瞩目吗？它是不是该感谢这陡峭的岩壁给了它机会？一颗善良的心，会接受生命赐予它的一切，即使是挫折，它也可以帮助我们在磨砺中成长，不是吗？既然如此，为何不笑着面对逆境呢？

温室里的花朵固然幸福，但是更幸福的是那些经受风吹雨打依然绽放的花花草草。每个人的人生都不可能一帆风顺，在顺境中每个人的幸福都是相似的，有爱你的爸爸妈妈，有温暖的家，有喜欢你的老师同学。但在逆境中，你的态度决定了你和别人的不同。当考试失败了，你是抱怨老师这次出的题太难，前一天同学拉着你去玩小汽车害得你没好好复习，还是自己认真地比较和同学之间的差距，告诉自己这次没有准备好，下次一定会赶上去？每次都能在挫折中吸取经验和教训，挫折才会成为财富，而你，正是这笔财富的拥有者。

你有没有听说过一句话：失去了太阳，你还有月亮；没有了月亮，你还有星星；就算连星星都没有了，你至少还拥有你自己。这并不是说，太阳、月亮和星星不重要，而是说，只要你自己还在，你就有机会重新构建自己的天空，会有新的太阳、月亮和星星。其实，一颗善良的心，从来都不畏惧黑暗，它就像一盏灯，在黑夜中越发显出他的光亮。梅花香自苦寒来，如果没有冰天雪地，梅花又怎能从百花中脱颖而出？

你知道梅兰芳先生学戏的故事吗？

梅兰芳是我国著名的京剧大师，但是他当年学戏的条件并不太好，少年时代学戏差点儿中断。他是单眼皮，眼皮看上去下垂，眼睛小，而且是个近视眼，不会传神，这是他先天条件最不好的地方。

但他并没有放弃唱京剧的梦想。只要自己把不足之处克服了，不就可以了吗？为了训练眼神，他每天早上眼睛老盯着一个点看几十分钟。虽然很累，眼睛会酸、会流泪，但他一直坚持。就这样，眼皮肌肉练得有张力了，眼睛也有神了。梅兰芳还有一个著名的练眼睛的办法，就是养鸽子。梅兰芳在家里养了几十只鸽子，他手里拿一根很长的竹竿，如果想要鸽子飞出去，上面就挂红颜色的绸子，把竹竿一挥，红飘带一飘，鸽子就飞走了。如果要鸽子回来，他就把竹竿上的红绸换成绿绸，再一挥，鸽子就飞回来了。他的眼睛经常随着鸽子运动而运动，鸽子飞得很远，他就目送很远，盯着看。就这样十年如一日，渐渐地，眼珠也练活了，眼睛也睁大了、有神了。

梅兰芳后来在舞台上塑造了一个个光彩照人的形象，这不能不归功于他早年的刻苦努力。他不抱怨、不放弃，他知道生命本身是不完美的，谁能期待一生波澜不惊呢？但是他把挫折当作一种磨炼，笑对逆境，逆境就成了一笔最宝贵的财富。

你知道世界文化史上著名的三大怪杰吗？约翰·弥尔顿是盲人，但他写出了精美绝伦的诗歌，世代流传；贝多芬，双耳失聪，却创作出了世上最美妙的钢琴曲，成了让无数人敬仰的音乐大师。

　　所以，当你遇到挫折的时候，先别抱怨，而是想想应该怎么克服吧！当你克服了困难，上天一定会给你奖励的。你看孙悟空那么厉害，不也要历经九九八十一难才能取到真经、修成正果的吗？

把生活中的小麻烦当作上天的礼物

人的最大烦恼之一就是斤斤计较，哪怕是生活中的琐事也常常让我们很烦心，有人不小心剐花了我们新买的爱车，拥挤不堪的公交车上有人猛踩到了我们的脚，诸如此类。于是，即使别人一再道歉也还是破坏了我们本来愉悦的心情，所以本该快乐充实的一天就因小事销蚀掉了，结果我们这一天过得就非常堵心，似乎事事都不顺心。放不下自己心中的块垒，哪怕它非常微小，哪怕它可以忽略不计……可是，我们终究陷入了痛苦的误区。但是，只要你稍微那么一转念，就会茅塞顿开。

玛莎曾在慈爱会中同广为美国人所敬爱的特蕾莎修女共处30多年。从她下面讲述的故事里，可以看出特蕾莎对待人生的感恩态度：

一次，当我做完弥撒，和特蕾莎院长谈到人世间诸多的困难挫折时，她对我说："其实，世上的艰难困苦又何尝不是俯拾皆是，但如果我们视其为上天恩赐的礼物，那么人们周围便会减少几许悲观，平添些许快乐……"

不久以后，我和特蕾莎院长乘飞机去纽约。飞机起飞前发现了故障，被迫停飞。当时，我感到失望和沮丧，但想起了特蕾莎院长曾说过的话，便这样对她说道："院长，我们今天得到了一份'小礼物'——我们得待在这儿等4个小时，你不能按计划赶回修道院了。"特蕾莎修女听完我的话，微笑着看了看我，然后便安然地坐下来，拿出一本书，静静地读了起来。从那以后，每当我在生活中遇到磨难与挫折时，便会用这样的话语来表达——"今天我们又得到了一份礼物""嘿，这可真是个特殊的大礼物"……而这些话竟然有着神奇的效果，往往就在不经意间，困顿难释的心境变得开朗，莫名的烦恼也消失不见，连微笑也会在说话间悄悄爬上人们的脸颊……

特蕾莎修女心怀感恩之心。即使是生活中的小麻烦，也将其看作一份礼物来对待，保持了一个平和的心境。

对待感恩是一种积极的生活态度。美国犹太教哲学家赫舍尔说："世界是这样的，面对着它，人意识到自己受惠于人，而不是主人身份；世界是这样的，你在感知到世界的存在时，必须作出回答，同时也必须承担责任。"

其实，我们每个人从呱呱坠地到长大成人的过程中，包含了无数人的心血，其中最重要的有父母、祖父母、外祖父母等直系亲属，会有很多老师、朋友、同学、同事，也会有无数擦肩而过的陌生人，哪怕这些人只是在我们蹒跚学步时，把跌倒的孩童扶起；在拥挤的公交车上为我们让了一个座位，仅此而已。

在多元化、快节奏、激烈变化的生命中，当我们面临越来越多的不快和磨难时，充斥我们内心的往往是抱怨、不满、牢骚，仿佛满世界的人都对不起我们。而我们希冀的生活似乎成了全世界都要围绕着我们转，唯我独尊，唯有如此才觉得是理所应当。殊不知，我们已经在不经意间丢掉了那份感恩的愉悦、感恩的充实。长此以往，我们会发现生活中似乎已经没有什么值得我们开心的事情，再也难以找到值得我们身心愉悦的事情了。

究竟是生活对于我们过分吝啬？还是我们自身看待事物的方式出了问题呢？如果我们都能够像特蕾莎修女所讲的那样，真诚地感谢生活，将磨难当作命运的祝福，那么我们的人生就会减少很多不必要的烦恼，生活也会变得更加轻松、澄澈明亮。

感恩是一门快乐生活的哲学，感恩是一种歌唱生活的方式，它来自对生活的接受、热爱与自信。只有学会宽容、理解，学会用感恩的眼光来看待生活的点滴，成功的路上才能多一分支持、多一些希望。感谢生活，生活将赐予你灿烂的阳光；否则，你可能将一无所有！

感恩是对生命过程的珍惜

你有没有想过，我们为什么会出生在这片土地上？为什么我们有生命？孩子，生命是一个奇迹，一个值得我们珍惜的奇迹。拥有生命是一件多么奇妙的事情，就好像我们种下的那粒种子，在春天慢慢抽出了芽，长出了叶子，后来结出了花蕾，最后居然开出了美丽的花。想想吧，当初那样一粒微不足道的种子居然能成为一朵芳香扑鼻的鲜花！而这，正是生命创造的奇迹啊！你们都是受眷顾的孩子，你们也会渐渐长大，最后开出自己的生命之花！难道不该为此心怀感激吗？

你知道吗，其实，是因为上帝喜欢你才让你降生到这人间的，他让你拥有一颗善良的心，所以你才能体会到身边的人对你的爱，才懂得生命的可贵。如果你有一颗善良的心，你可真幸运！哦，你在抱怨上天没有给你一双兔子一样跑得飞快的腿，让你能在运动会上大出风头？其实，那是因为上天特别眷顾你。不相信吗？给你讲个故事吧。

有一个小男孩，从小就双目失明，他非常痛苦，认定这是老天在处罚他，觉得自己是这个世界上最为不幸的人了。一次，他写了一封信给教父，抱怨上帝的不公正。教父常常收到这种信，他不知道该怎样安慰这颗幼小的心灵。后来，他在回信中写道："这个世界上，每个人都是被上帝咬过一口的苹果，我们的人生都是有缺陷的。有的人可能缺陷比较大，那是上帝特别喜爱它的芬芳，所以那一口咬得比较大而已。"那男孩很受鼓舞，从此把失明看作上帝的偏爱，因为自己这个苹果比别的苹果更芬芳，所以上帝特地咬了一大口！于是，他开始发奋努力，开始向命运挑战。若干年后，他成为一个著名的盲人推拿师，为许多人解除了病痛。视力正常的推拿师技术反而不如他。

后来上帝听说了这个故事，笑着说："我很喜欢这个故事，但是我要声明，有些心地邪恶的人可不是我咬的，他们是自己烂的。"

海伦·凯勒，一个处在盲聋世界里的人，用生命的全部力量四处奔走，建起了一家家慈善机构，为残疾人造福，被美国《时代周刊》评选为 20 世纪美国十大英雄偶像。她能创造这一奇迹，全靠一颗善良和不屈不挠的心。海伦接受了生命的挑战，用爱心去拥抱世界，以惊人的毅力面对困境，终于在黑暗中找到了光明，最后又把慈爱的双手伸向全世界。她，正是最受上帝眷顾的孩子啊，她成了上帝派到人间来播撒爱的使者。

每个人都有缺陷，那是上帝偏爱我们的缘故。而生命，是我们共同的财富，因为这笔财富，所有的缺陷，都是为了证明自己生命的价值而必须经历的考验。也许你跑得不够快，但是你能正常地奔走，一样能够传达你的爱心，不是吗？

所以，不要抱怨自己所没有的，那是上帝想让你自己去创造生活，他只是给了我们生命和一颗善良的心。拥有生命，就是上天给予我们最大的恩赐，只要有生命，就有机会去做自己想做的事；只要有生命，就有希望。

第十章

百善孝为先

回报用心血养育你成长的父母

真正寄托了这个世界、支撑这个世界的，使这一片土地有绿的希冀的，这样的光荣，更多地属于那些平凡、正直、善良、坚韧不拔、任劳任怨的父母们。

第38届国际奥林匹克数学竞赛金牌得主安金鹏是天津人，他的家境非常贫困，但是，他的母亲非常坚强，无私地为孩子奉献着一切。

安金鹏看在眼里，记在心里。在献给母亲的文章——《母亲啊，你是我最好的导师》中，安金鹏是这样写的：

"……跛着脚的母亲在为我擀面，这面粉是母亲用5个鸡蛋和邻居换来的，她的脚是前天为给我多筹点儿学费，推着一个平板车去卖蔬菜的路上扭伤的。

端着碗，我哭了。我撂下筷子跪到地上，久久地抚摸着母亲肿得比馒头还高的脚，眼泪一滴一滴地滚落在地上……

我家太穷了，家里欠的债一年比一年多。我的学费是妈妈找人借的，我总是把同学扔掉的铅笔头捡回来，把它用细线捆在一根小棍上接着用，或者用橡皮把写过字的练习本擦干净，再接着用……

我的母亲是用一种原始而悲壮的方式收割麦子。她没有足够的力气把麦子挑到场院脱粒，也无钱雇人使用脱粒机，她是熟一块割一块，然后用平板车拉回家，晚上在我家院里铺上一块塑料布，再用双手抓一大把麦秆在一块大石头上摔打脱粒……

三亩地的麦子，靠她一个人割、打，她累得站不住了就跪着割，膝盖磨破了血，连走路也是一颤一颤的了……

她为了不让我饿肚子，每个月都要步行10多里地去批发20斤方便面渣给我送到学校。每个月底，妈妈总是扛着一个鼓鼓的面袋子，步行10里路到大沙河乡车站乘公共汽车来天津看我。而袋里除了方便面渣，还有妈妈从6里外的安平镇一家印刷厂要来的废纸——那是给我做演算用的草稿纸，还有一大瓶黄豆酱和咸芥菜丝，一把理发推子，天津理发最便宜也要5元钱，妈妈要我省下来多买几个馒头吃。

我是天津一中唯一在食堂连素菜也吃不起的学生，我只能顿顿两个馒头，回宿舍泡点方便面渣就着黄豆酱和咸菜吃下去；我也是唯一用不起草稿纸的学生，我只能用一面印字的草稿废纸；我还是那儿唯一没用过肥皂的学生，洗衣服总是到食堂要点碱面将就。

可我从来没有自卑过，我总觉得我妈妈是一个向苦难、向厄运抗争的英雄，做她的儿子我无上光荣！……我要用我的整个生命感激一个人，那就是哺育我成长的母亲。她是一个普通的农妇，可她教给我做人的道理激励我一生。

安金鹏的成功和母亲感人的爱是分不开的。正是这种爱成了安金鹏战胜困难、顽强拼搏的动力。其实天下的父母都是一样的，他们为养育子女长大成人、成才，不知道费了多少心血。子女今天的成就中，也有父母的贡献。

汉朝时有一个名叫韩伯俞的孝子，他侍奉母亲非常的孝顺，对母亲说的话都是百依百顺的，即使他的学问一天比一天好，他仍然将母亲说的话记在心里。

由于母亲对他的教导十分严格，小时候，只要韩伯俞一不小心做错了事，母亲就会用手杖打他，虽然很痛，但是韩伯俞总是忍受着，不敢有违抗的行为。有一次，他做错了事，母亲还像小时候一样打他的时候，他却大哭起来了。

母亲觉得很奇怪，就问他说："以前打你的时候，你从来都没有哭过，今天为什么哭了呢？"

　　韩伯俞哭着对母亲说："以前母亲打我的时候，我觉得很痛，知道您年轻有力气，身体还是很健壮的，可是今天母亲打我，我觉得一点儿都不疼，知道您年纪大了，力气越来越弱了，必定身体状况不如从前了，我觉得很难过，所以不由自主地就哭了出来。"

　　后来，这件事传扬出去，大家都说韩伯俞是一个很孝顺的孩子。

　　在与父母交往中，要多听父母的话，与他们和谐相处，父母之所以要教导我们，是因为在他们的眼里，我们永远都是小孩子，生活经验比较少而且有些知识没有大人掌握得多，有时考虑问题不够周到，不想后果，听从大人的教导可以避免危险、损失，少犯错误，多些进步。总之，要与父母、兄弟姐妹好好相处。听话孝顺，才是作为子女应该做的事。

　　真正寄托这个世界、支撑这个世界的，使这片土地有绿的希冀的，正是那些平凡、善良、任劳任怨的父母。在万般情感之中，有一种弥足珍贵，就是亲情。为人子女者，要珍视这份情，尽自己的孝道，回报亲人的爱。

不要总说"你必须"

有没有想过你怎么会来到这个世界上？或许你不知道，在你出生之前，爸爸妈妈就一直在准备迎接你了。当他们真正把你带到这个世上时，愿意把自己全部的爱倾注到你的身上。但要记得，身边的人对你的期盼、对你的爱也不是理所当然的。当然，父母有养育你、送你上学的法定义务，但是爱你、宠你并非是强制性的。他们只是心甘情愿地这样做了，无微不至地照顾你的饮食起居，并且尽量地满足你提出的各种要求。当你生病摔倒时，最心疼的是他们；当你调皮捣蛋被老师批评时，最心疼的还是他们。想到这些，你能不为此感恩吗？难道你还能每天在父母面前指手画脚地命令他们为你做这做那吗？

只要你有一颗善良的心，就能感受到父母对你的每一寸关爱、每一丝期待。因为你们血浓于水，在彼此身上能够看到对方的影子——这不仅是生命的延续，更多的是爱的关联，所以父母愿意毫无保留地、无私地付出，不求回报，你的幸福是他们最大的心愿，你的笑容是他们最想要的。但这并不是说他们不期待你对他们的爱的回应。你知道吗？当你每一次对父母说"你必须给我买这""你必须给我买那"的时候，他们也许会答应你，但同时也在心中无奈地安慰自己："孩子还太小，等他们长大了就好了。"可你，也能用自己还没长大这个理由来安慰自己吗？

除了你，父母还要顾及很多东西。他们要照顾长辈，打理自己的事业，还有自己的朋友圈子。但是他们每天早出晚归地辛苦工作，都把最重要的心思放在了这个家上，因为这个家有你，他们必须更加用心地去呵护。你今天的幸福生活，如果没有他们，又能从哪里来呢？你可曾感激过他们，体谅过他们？亲情确实是可以做到亲密无间的，但它依然需要理解和尊重，任何情感少了对彼此的尊重和体谅都会被扭曲。如果你希望父母为你做的事情真的是"必须"的话，他们怎么会不理解呢？爸爸因为加班，在你的生日聚会上迟到了，如果你知道你最想要的生日礼物小提琴是爸爸用加班费买来的，你还会对他大发雷霆吗？

善良的孩子尊重并珍惜父母为他所做的每件事，把它们收藏在自己心中，每次在对父母说话时，一定会流露出一种对他们的爱的满足和感激。有一天，就算父母离开了，依然会怀念他们的爱，也会为自己不曾辜负他们的爱而心安。而一个骄横的孩子很难体会到父母的爱，如果一切都失去了，他一定会张皇失措，也许会后悔自己不曾表达的体谅和爱，不知该如何面对今后的生活。所以，请温柔地对待你的父母，就像他们对待你一样。

你的生日，正是母亲的受难日

　　你的生命，从你呱呱坠地那刻开始；而母亲，也从那一刻开始成为一个真正的母亲。那一天，就是你的生日，也是母亲成为母亲的纪念日。但是，你有没有想过，你的生日，也是你母亲的受难日？每年过生日的时候，父母为你庆祝，给你买礼物，祝贺你又长大了一岁，却不会告诉你，那一天，你的母亲忍受了多大的痛苦。你每长大一天，你的母亲就多操劳了一天，你会在你生日那天对她说一声"妈妈，您辛苦了"吗？

　　曾经流传着这样一个故事：每一个母亲曾经都是一个漂亮的仙女，有一件漂亮的衣裳。当她们决定要做某个孩子的母亲、呵护某个生命的时候，就会脱去这件衣裳，变成一个普通的女子，平淡无奇地过一辈子。是你的到来，让母亲从一个仙女变成了平凡的人；因为有了你，她不再留恋天庭；为了你，她可以忍受任何痛苦，包括人世间的操劳。

　　其实，在你降临到这个世上之前，她就已经在为你操心了。当你还在妈妈肚子里的时候，她不敢生病，怕会影响到你；有时候明明不想吃东西，却依然强迫自己吃富含各种营养的对你有好处的食物；为了你，她放弃了穿高跟鞋，走路的时候都必须小心翼翼的。

　　而你的诞生，是她另一种操劳的开始。她害怕你还没有适应这个世界，所以一直陪在你身边哄你开心；等你学会走路后，无论走向哪里，都有她的目光紧紧跟随着，因为在她眼里，你是这么柔弱的小孩儿；上学了，她为你操心的事情就更多了，你的一笑一颦永远牵动着她的心；你回家晚了，她每次斥责你，是因为她那么担心你；你哭了，但是母亲的心比你的还要痛。

你的年龄，其实也是母亲的年龄。你们的生日是同一天，只不过，在那个特殊的日子里，大家庆祝的是你来到这个世界，而不是母亲从天使变成凡人。她不需要什么庆祝，每年你开心地过生日的时候，她在心里默默地为自己拥有你而感到幸福，哪里有你，哪里就是母亲的天堂。但是你，能够忘记母亲对你的付出吗？那一天，你和母亲从肉体上分离开了，你们的心却依然紧紧相连，这就是骨肉之情啊！

还记得孟郊的那首《游子吟》吗？"慈母手中线，游子身上衣。临行密密缝，意恐迟迟归。谁言寸草心，报得三春晖。"我们慢慢地长大，不知什么时候就要离开母亲、离开这个家去外面的世界闯荡了，我们又能够做些什么来报答母亲呢？只能把母亲、把这份爱牢牢地记在心底，无论走到哪里，都别忘了有人永远在守望着你。所以，在自己生日的那天，无论身处何方，都要给母亲送去最真挚的祝福。

做一次对长辈的调查

许多人都深信不疑，他爱自己的父母。只是这爱落在了何处，谁都没有看见。

经常能看到的情形是：每每抱起同学的电话，凌晨都舍不得放下；可周末和父母在家里待上一整天，全部说的话加在一起也不会超过10句。好朋友的生日，总不忘精心挑选礼物准时奉上；到了妈妈的生日，却是推开家门的当晚，才抱歉地一拍脑袋。

对父母来说，孩子是个大大的礼物，是生命中的一次奇遇。不论何时，他们都渴望能走到这礼物的内壳里去，看看孩子的所思所想。孩子喜欢的颜色、爱吃的水果没有哪一个父母会不知道，他们常常是在不经意的一问一答间，就将这些看似琐碎的小事统统记在了心上。在孩子的生日晚餐上，父母端出的一定都是你喜欢的美味。

父母期待着能把自己的过往说给孩子听，他们盼着能与自己的孩子分享生命中的喜忧得失。一项调查显示，父母最希望儿女做的就是陪自己聊聊天。

偶尔孩子也会亲昵地趴到妈妈的耳边，说几句暖心的甜言蜜语，但也只是说到为止，更多的时候，父母是个虚幻的影子，被排挤在孩子的现实生活之外。我们常常不自觉地对他们关上心门。

如果，你能试着做一次改变，比如，做一次对长辈的调查，你会惊喜地发现，父母和你竟有许多的相通之处。

比如，看似"文武双全"的爸爸原来也是个偏科的孩子；现在厨艺精湛的妈妈，小时候却是个不到天黑不着家的疯丫头；别看妈妈现在看上去优雅沉稳，上学的时候唱歌跳舞可样样都不输给别人呢；今天谈笑风生的爸爸，曾经也是个忧郁、沉默的少年……

生活原是这样的充满乐趣，生命真的就只是轮回，你会一下子找到许多许多可以和父母沟通的话题。

你知道父母小时候的趣闻吗？他们和你一样大的时候都在玩什么游戏，父母上学的时候最喜欢的是哪一门功课，他们小时候的愿望是什么，爸爸和妈妈是怎么认识的，他们最难忘的经历是什么，他们最喜欢的电影、小说……这许多许多的问题，你都知道答案吗？

如果某一天，你可以从自己的世界中走出来，可以从年少的忧郁里、从无聊的游戏中走出来，和父母认真地聊一次天，你就能够明白，每一代人的成长都是那样的相似。恍惚间，父母说的那个几十年前偷偷捞鱼的少年、那个花去所有零用钱只为买一把凤凰琴的少年，好像就成了眼前的你。这将是多么有趣的一次沟通。

你爱你的父母吗？你对他们的了解有多少呢？从现在开始做起吧，陪爸爸妈妈聊聊天，让他们真正走进你的生活。

太忙了，但不是借口

　　很多人以忙为借口而忽略了父母，每一次的不回家都以太忙了为理由，其实忙不是理由，尤其是看父母，忙更不是理由。如今，"忙"似乎成了彼此拒绝、借故推托的最好理由。"忙"已经成为生活的一种常态。

　　也许会有人说，自己常常加班到凌晨半夜，早上起床就是想着工作，真的太忙了，连上个洗手间的时间都没有，哪还有时间去看父母呢？有一句话叫作"你的兴趣在哪里，时间就在哪里。"现在的你只对工作有兴趣，所以你的时间就全部属于工作。时间掌握在自己的手里，只要你想做，任何事情也阻挡不了你。如果你的兴趣是让家庭幸福美满，那么你自然会有呵护家人的时间。

　　太忙了、没时间等借口，往往会使我们和父母的距离越来越远。在我们的生活中，常常有这样的对话。

　　"孩子，你很久没回家来看看了……""工作太忙了走不开……"

　　"你很久没给我打电话了……""对不起，最近太忙了……"

　　"妈妈/爸爸，你说过这周陪我去游乐场的，你又给忘了……"

　　"对不起，宝贝，妈妈/爸爸最近太忙了，下次好吗……"

　　"孩子，今天是我的生日，你能回来吗？吃个晚饭就走。……"

　　"对不起妈妈，我今天得加班，最近太忙了，等忙了这阵子，我去看你……"

　　忙碌，似乎成了万能的借口。在哪儿都能用得上，而且是百用不厌。父母子女间，恋人夫妻间，亲朋好友间，似乎随时都会出现这么一番对话，我们自己也不例外。

这些看似小事情，时间长了，就会变成习惯，不管你再忙，你都不会忽略它……因为一个人的习惯很容易形成，却很难改变，特别是别人要你改变的时候，更何况是忙呢？所以，对家人、朋友、爱人，我们都不要因为"忙"而忽略了他们，看似小事，却可以使我们的友谊之花永不凋谢，幸福之水长流……

现代社会，生活的节奏不停地加速，但也让人们一直为了生计而奔波着。"忙"成了很多人的一个通病，忙事业、忙生意、忙赚钱，可谓是忙得晕头转向，然而，再怎么样也不应该成为冷落老人的理由。

真的是忙碌吗，忙碌到连打一个电话、发一条短信的时间都没有吗？不是的，很多时候只是我们给自己找的一个借口，一个减省麻烦的借口。

长大之前，依赖着父母，总觉得父母就是自己的一切；长大独立后，父母却往往成了自己最后想起的人。经常会听到有人说以后会怎样怎样好好爱父母，然而只要想了就去做吧，永远不要等到以后。谁也无法预知以后的事情，所以，把握好眼前的机会才是实在。

有一位老人，她养了10个儿女，在那个年代，养育10个孩子是多么难的事情，但是遇到再大的困难，她都挺下来了，她的目标只有一个，那就是让自己的孩子都能健康成长。然而不幸的是，她的老伴还是个瞎子，生活上有些时候不能自理，她照顾孩子的同时还要照顾老伴，后来她的老伴还是离开了她，她这一辈子真是不容易啊。

就在她准备安享晚年时，拆迁让她不得不离开她生活了一辈子的地方，不得不离开和她同甘共苦了一辈子的老姐妹。老人很孤单，常常给儿女打电话，然而电话的那头回答的却是"我很忙"。

直到她离开这个世界，也只有她的猫跟她朝夕相伴。当她离开了时，儿女们才知道这么多年自己对母亲的忽略，但后悔已晚。

为人父母，年龄在不断增加，身体肯定也不如以前，从前可以干体力活，现在却只能在家休养，随之而来的不是这种疾病，就是那种疾病。有的老人有疾病也不说，自己挺着，其实在他们的眼里，只要子女回来看一眼，自己的病也就好了许多，也许是精神上的安慰吧。

作为儿女的，父母不在身边，难在膝下尽孝，即使给他们充足的金钱，也不是最后的行孝，常回家看看老人，却又总被繁杂的事务缠住，只好用"最近很忙"作为借口，即使偶尔给老人打了电话，也只是草草几句就匆忙挂电话，作为父母也只能安慰"忙吧！孩子，我们一切都好，不必挂念，自己也要注意身体！"请扪心自问，我们真的都很忙吗？很多时候忙成为我们冷落父母、安慰自己冠冕堂皇的理由了。

以前父母含辛茹苦地把我们养育成人，现在就是我们该"回报"父母的时候了，在这个阶段，老人们最需要的就是亲情的关怀和生活的悉心照料。哪个老人不疼爱自己的孩子呢，他们的要求其实并不多也不过分，他们并不希望给孩子们的生活和工作添乱，他们只希望孩子们能多抽点儿时间陪陪他们，陪他们说说话、解解闷，陪他们吃顿饭，等等，这些生活中最简单的片段，其实就是对老人们最大的安慰了。

与父母之间的感情需要用心去经营，再忙也要发条信息，再忙也要常回家看看。只是可惜，在通信如此发达的今天，情感上的沟通却未必就能深入多少，因为，大家都更"忙碌"了。

年迈的父母生病住院，有的子女日夜守候精心护理，而有的子女则总是喊忙，要么蜻蜓点水式的问候一下，要么干脆只闻其声不见踪影。于是，一个"忙"字，成为不孝儿女逃避孝敬责任的托词。

眼下，生活节奏加快，竞争无处不在，身处职场的我们时刻面临着这样或那样的工作压力，给父母尽孝就常常因"工作忙""没有时间"而一推再推。

年幼时，是慈爱的父母将我们养大，细心呵护、照顾我们成长的每一步。长大了，到了该孝顺父母的年龄，却又忙于工作、忙于结婚、生子，为自己小家庭的烦琐小事而忙，孝顺和照顾父母总是被我们以"没时间"为借口而忽略了，总觉得孝顺父母的时候和机会还多着呢，可是不曾想，我们的父母就在我们所谓忙碌的一天天中逐渐老去，我们千万不要等到"子欲养而亲不待"时才追悔莫及。

不要等到将来再对父母说爱

想偷懒的时候，总是会对自己说，明天再做吧，好像到了明天自己就会变成一个完全不同的人了。但是，如果我们今天不去创造，明天的美好只能停留在幻想中。要知道，我们都只生活在现在，每过一分一秒，生命就少了一分一秒。过去的不会回来，将来的还没到来，只有现在是我们可以把握的。

你知道吗，父母对你的爱，在你出生之前就开始了。这爱，弥漫在过去、现在和将来的每时每刻。一个善良的孩子，一定能感受到这份爱，并且想要对此有所回报。

但是大多数孩子在心里想着，现在作业好多啊，而且也不能给爸爸妈妈什么，所以我要好好学习考上大学。等我长大了，等我工作了、赚钱了，再孝敬他们，给他们买很多东西。但是，那个时候又会有新的问题出现。毕竟，未来是不可知的。等上了大学，认识了更多人，交际范围更大了，而且学业也不会比现在轻松，还要准备找工作。那时或许会想，现在是为将来打拼的时候，至于对父母嘛，以后会有机会好好孝敬的。而当你找到了一份满意的工作，也许你有经济能力给爸爸妈妈买东西了，但是你的生活又不得不绕着工作转，又会觉得时间太紧了，很少有时间能回家陪陪父母。就算等你事业有成，有时间陪伴父母了，他们又能拥有你的爱多久呢？其实父母是最容易满足的，他们并不需要太多，只要你能健康快乐地成长，只要你能常常对他们微笑，只要你能多和他们在一起，比如在妈妈洗碗的时候帮忙把洗干净的碗擦干，爸爸下班的时候到门口去接一下，这些都是很细微的事情，却能让父母觉得有了你，他们很幸福。如果你现在不能给爸爸妈妈带来快乐，又凭什么说将来你就能够做到？中国有句古话：树欲静而风不止，子欲养而亲不待。意思是，世界的变化是难以捉摸的，当你渐渐长大，觉得自己有能力为父母做些什么的时候，父母可能已经等不到那一天了。你一天天成长，你的父母却在一天天老去，现实就是这么残酷，所以一定要抓住现在。

把手放在胸前，问一下你自己，难道真的每天都那么忙，忙到忘记自己应该向父母表达爱意？就像父母无时无刻地爱着我们一样，我们对父母的爱也应该渗透在生活的每个点滴中。不需要专门抽出一段时间去表达你的爱，只要和父母一起时，用点心就好了。爱，应该和时间一起绵延不绝地流淌，而不应该分成一块一块的。每次当你想为父母做点什么又觉得没时间时，就想想下面这个故事。

一天，李教授正在给他的学生们上课，他先是在桌子上面放了一个杯子，然后从桌子下面拿出一些正好可以从杯口放进杯子里的小石子。李教授把石头放完后问他的学生："你们说，这杯子是不是满的？"

"是！"所有的学生异口同声地回答。

"真的吗？"教授笑着问。

然后他再从桌子底下拿出一袋碎石子，把碎石子从杯口倒下去，摇一摇，再加一些，再问学生："你们说，这杯子现在是不是满的？"

这回他的学生不敢回答得太快："也许还没有满。"

"很好！"

教授说完，又从桌下拿出一袋沙子，慢慢地倒进杯子里。倒完后，他再问班上的学生："现在你们再告诉我，这个杯子满了吗？"

"没有满！"全班同学这下学乖了，大家很有信心地回答。

"好极了！"教授又从桌底下拿出一大瓶水，把水倒进看起来已经被石头、沙子填满了的杯子。

当这些事情都做完了以后，教授正色道："你们从上面这件事情中学到了什么东西?"

一位学生回答说:"无论我们的工作多忙,行程安排得多满,如果再挤一下的话,还是有时间可以多做些事情的。这堂课讲的是时间管理。"

你看,时间是有弹性的,挤一挤,就有了。我们现在所做的事,就像那些石头,占去了我们生命中大部分的时间。而那包围着石头、渗透在沙子中的水,则是我们的爱,看上去很少很少,但是它在每个细微的地方都存在。所以请抓住现在的每分每秒吧,不要等到将来再去对父母说你爱他们,因为谁也不知道那天是否会到来。

第十一章

真正的善良，是平等和尊重

爱贵真诚，用心才能体贴入微

"今天，我一定要断然拒绝他们的要求。"出门之前，卡尔森太太在心里对自己这么说。

天下着很大的雨，到处都是水。卡尔森太太之所以冒雨出门，是为了把眼前这件事尽快处理完。

卡尔森太太平时以乐善好施而出名。她经常捐东西给遭到天灾人祸的人，或买很多衣料送给本市的贫民。可是，这一次的事，性质大不相同，使她无法像平时那样，爽口答应。虽然目的是为了贫苦无依的孤儿们着想，但要她捐出祖传的土地来建造孤儿院，她实在无法同意。她对世世代代传下来的那片土地，有无限的感情，何况，她年纪已老，此后的生活，主要的收入来源就靠那块土地。这是跟她此后的生活有直接关系的事。说得严重一点，若失去这块土地，她的生活马上就要受到影响。

"不管对方如何恳求，也不能起一丁点儿同情心，否则……"想着，想着，卡尔森太太的脚步就越来越快了。

雨越来越大，风也吹得更起劲了。不多久，她到了目的地。她推开大门，走进去。由于是个大雨天，走廊上到处湿湿的。她在门口寻找拖鞋穿。

"请进！"这时候，随着一个甜美的声音，女办事员玛丽笑容可掬地站在了卡尔森太太面前。玛丽看到地板上没有拖鞋了，立刻毫不犹豫地脱下自己的拖鞋给卡尔森太太穿。

"真抱歉，所有的拖鞋都给别人穿了。"玛丽小姐诚恳地说道。

卡尔森太太看到玛丽小姐的袜子踏在地板上，一刹那就给弄湿了。

卡尔森太太被玛丽小姐的举动感动了。在这一瞬间，卡尔森太太明白了施予的真正含义。

她想："平时，我被大家称为慈善家，可是，我做的慈善行为，到底是些什么？我捐出来的，全是自己不再使用的旧东西，再不就是捐出多余的零用钱罢了。而真正的施予，应该像这位小姐一样，拿出对自己来说是最重要的东西，那才有莫大的价值呀！"

突然，卡尔森太太的决定有了180度的大转变——她决心捐出那块祖传的土地给这个慈善机构，为可怜的孩子们建立设备完善的孤儿院。

卡尔森太太对办事员玛丽说："好温暖的拖鞋。"

玛丽红了脸，不好意思地说："对不起，我一直穿着，所以……"

卡尔森太太连忙打断她的话："不，不，我没有怪你的意思，我是说，你的心，令人感到温暖，也让我明白了许多！"

卡尔森太太向她投以亲切的微笑，然后，朝着募捐办公室急步走去……

真正的爱心和施予，需要真情与真心，要真诚地关怀别人。只有心里时刻装着别人的人，才能给别人最贴心的帮助。

有一个叫保罗的少年，8岁那年，因输血不幸染上了艾滋病。伙伴们都躲着他，只有大他4岁的格林依旧像从前一样跟他玩耍。

一个偶然的机会，格林在杂志上看见一则消息，说新奥尔良的费医生找到了能治疗艾滋病的植物，这让他兴奋不已。他背着家人，拿着自己积蓄的零花钱，带着保罗，悄悄地踏上了去新奥尔良的路。

为了省钱，他们晚上就睡在随身带的帐篷里，保罗的咳嗽多起来，从家里带来的药也快吃完了。这天夜里，保罗冷得直发抖，他用微弱的声音告诉格林，他梦见200亿年前的宇宙了，星星的光是那么暗，他一个人待在那里，找不到回来的路。格林把自己的鞋塞到保罗的手上："以后睡觉，就抱着我的鞋，想想格林的臭鞋还在你手上，格林肯定就在附近。"

孩子们身上的钱差不多用完了，可离新奥尔良的路还很远。保罗的身体越来越弱，格林不得不放弃了计划，带着保罗又回到了家乡。格林依旧常常去病房看保罗，他们有时还会玩装死的游戏吓唬医院的护士。

一个秋天的下午，阳光照着保罗瘦弱苍白的脸，格林问他想不想再玩装死的游戏，保罗点点头。然而这回，保罗却没有在医生为他摸脉时忽然睁开眼笑起来，他真的死了。

那天，格林陪着保罗的妈妈回家。两人一路无语，直到分手的时候，格林才抽泣着说："我很难过，没能为保罗找到治病的药。"

保罗的妈妈泪如泉涌："不，格林，你找到了。"她紧紧搂着格林，"你给了他快乐，给了他友情，给了他一只鞋，他一直为有你这个朋友而满足。"

生活中，我们需要的往往不是别的，可能就是一只鞋；需要我们给予别人的，也许也是一只鞋。爱不需要什么惊天动地的表示，一些微不足道的关心和问候，就可以让我们感受到朋友就在身边，我们永远是被关心和疼爱着的。

"您"就是把"你"放在我心上

大家都知道，"您"是对他人的尊称。但是细细地看这个"您"字，它又是由"你"和"心"这两个字组成的。这其中的意思就是尊重他人，把他人放在自己心上。尊敬，原本就是从内心生发出来的对待他人的感情。善良，也是在对别人尊重的基础上散发的光芒，这就是说，行善是真正地为别人考虑，把别人放在心上，而不是为了其他的目的。一个人的善良之心，体现在生活中就是用心地对待身边的每个人、每件事。在交往中，尊敬其实就是要礼貌待人，把别人放在和自己平等的位置上。每个人都有自尊心，一颗善良的心懂得在维护对方自尊心的前提下伸出援手，否则就是伪善，把善良当作一种装饰物。

你知道"嗟来之食"这个成语的由来吗？

有一年，齐国发生了大饥荒，很多难民流离失所，四处乞讨。有个富翁黔敖认为这是他大发慈悲的好机会，于是就在路上准备了很多食物，等待饥民来分给他们吃。

一天，路上跟跟跄跄地走过来一个人。他饿得很厉害，用衣袖蒙着脸面，拖着鞋子，样子显得很虚弱。

黔敖见了，左手拿着饭菜，右手端着汤，向他吆喝道："喂！快来吃吧！"

那饥民抬眼望着黔敖说："我就是因为不吃这种吆喝来的饭菜才饿到这个地步的。"

黔敖觉得很惭愧，跟在后面一再道歉，但是这个人始终不肯吃。

　　"嗟来之食"这则成语是指带有侮辱性的或不怀好意的施舍。不吃"嗟来之食"体现的是为了自己的尊严而宁折不屈的志气。救济、帮助别人应该真心实意而不要以救世主自居，但是黔敖把自己的善行当作一种施舍，他并没有真的用心对待那些背井离乡、流离失所的人，以为给他们食物自己就是一个大好人了，却忘记了人存活在世界上，并不是只有食物就够了，还有尊严，而且对许多人来说，尊严远比单纯地活着更重要。所以，当他把自己置于救世主的地位而居高临下地去"帮助"那些需要帮助的人时，必然要遭到拒绝。

　　中华民族是文明礼仪之邦，向来有"士可杀不可辱"的不屈精神，把尊严看得高于生命。礼貌，不仅是一个人应具备的基本的礼仪规范，更体现了对他人的尊重。一个不懂礼貌的人，别说是在帮助别人的时候，就是在平常的人际交往中都会遇到麻烦。试想，有谁会愿意和一个妄自尊大、毫不考虑别人感受的人交往呢？

　　既然每个人都如此看重自己的尊严，善良的人必然能够由己推人，知道别人也有自尊心，从而自觉地去维护。在现实生活中，把他人放在心上，并不是那么的容易，如果没有一颗善良的心，即使表面上乐于助人，也很容易露出伪善的本来面目。

守时，不浪费别人的生命

鲁迅先生曾经说过，浪费他人的生命相当于谋杀，而浪费自己的生命则无异于自杀。因为生命是最宝贵的，没有一个人能够拥有第二次。生命是一列单行的火车，坐上去后，就再也没有机会的回头。当别人在等待你的时候，别人的生命就这样一分一秒地消耗掉了，再也没有办法挽回。一个善良的孩子怎么忍心这样做呢？按时赴约是对对方的尊重，否则就是违背了原先的约定，不是吗？如果你不珍惜别人的时间，又怎么能期望别人珍惜你的时间呢？一旦你不守时，等待你的人就会失去对你的信任。

尊重是彼此的，每个人都不希望自己的光阴虚度，都渴望得到他人的尊重，既然如此，就应该对别人的时间也表示尊重，不要让别人作无谓的等待。

陈太丘和朋友约好一起出行，时间定在了正午时分。约定的时间早已过了，朋友却没有到达。陈太丘等了好久都没见他朋友来，就只好自己先走了。

当他离去以后，他的朋友才到。陈太丘的儿子元方当时7岁，在家门外玩耍。客人问他："你的父亲在不在家？"元方回答说："父亲等待您很长时间，您却没有来，他已经离去了。"客人便生气地说道："简直不是人啊！和人家约好一起出行，却丢下我自己先走了。"元方说："您与我父亲约定在正午时分见面，而到了正午您没有到，就是没有信用；对着他的儿子骂父亲，就是没有礼貌。"朋友感到十分惭愧，忙下车想和元方握手，表示歉意，元方却头也不回地走入家门。

你看，7岁的小元方都知道迟到是不尊重别人的表现的。这样不守时的人其实就是违背了自己的信义，也是对自己的不尊重。如果确实有事情耽搁了，迟到了之后说明原因并道歉是基本的礼仪。像陈太丘的朋友，就是因为不尊重别人，最终也失去了别人的尊重。

每个人都希望自己的生命有价值，所谓"一寸光阴一寸金，寸金难买寸光阴"，所以才争分夺秒地抓紧时间创造自己的生活。《钢铁是怎样炼成的》的作者奥斯特洛夫斯基曾经说过："人最宝贵的是生命，这生命给予我们每个人只有一次。一个人的一生应该这样度过：当他回首往事的时候，不因虚度年华而悔恨，也不因碌碌无为而羞耻。"对自己的时间要珍惜，那么对于别人的时间是否也该一视同仁呢？

批评的话，换一种方式说出口

每个人都有自尊心，所以在交往的时候要相互尊重。尊重，最直接地体现在一个人的言行举止上。其实每一句话都可以用不同的方式来表达，但是效果可能大不一样。特别是对别人提出意见的时候，更要注意说话的方式和场合，因为没有一个人愿意自己做得不够好而被别人批评。批评，是指出对方的不足之处，希望他下次能够做得更好。善良的出发点，永远都是希望别人能更好。如果是一个善良的人，他一定懂得要顾及别人的感受，委婉地说出批评的意见，这样对方也更容易接受。

有的人喜欢显示自己的聪明，看到别人犯了错，就意识到这是展示自己聪明的时候了。于是，在众人面前大声地指出，只是为了满足一下自己高人一等的虚荣心。这样的心，至少在那一刻，离善良还有很远的距离。而有的人，虽然是出于好心，想要对方做得更好，有时却"恨铁不成钢"，情急之下没有顾及对方的情绪，一不小心就伤了别人的自尊心。在这些情况下，被批评的人往往会很反感，有些人不等你说完扭头就走了；而有的虽然好像认真地在听你说，心中却很有可能不服气，未必真的就把原来的行为改过来了。

谁都知道，良药苦口利于病，忠言逆耳利于行。但是良药利于病绝不是因为它苦口；同样，忠言利于行，也并不是因为它逆耳。试想一下，如果这良药不仅不难喝，反而甜甜的，那样生病的孩子们就更愿意喝了吧。同样的道理，如果你提的意见能够恰当地表达出来，更会收到事半功倍的效果。当发现别人的不足之处时，你就像一个医生要给病人开药方，如果你能让病人高高兴兴地治好了病，那不是皆大欢喜？

《战国策》里有一篇文章，题为《邹忌讽齐王纳谏》。故事说的是邹忌劝齐王广开言路，使得朝政清明的故事。邹忌并没有在上朝的时候直接批评齐王受蒙蔽，不知道国家真实情况，而是从自己的美貌说起。他认为自己不如一个叫徐公的人长得漂亮，但是拜访他的客人、他的妻子和小妾都认为他比徐公漂亮。

邹忌说："我确实知道我不如徐公漂亮。可是，我的妻子偏爱我，我的妾怕我，我的客人有事想求我，都认为我比徐公漂亮。如今齐国的国土方圆一千多里，城池有120座，王后、王妃和左右的侍从没有谁不偏爱大王的，朝廷上的臣子没有谁不害怕大王的，全国的人没有不想求得大王的（恩遇的）。由此看来，您受的蒙蔽非常厉害。"齐王说："好！"于是就下了一道命令，奖赏那些指责朝廷和齐王过错的人。命令刚下达，许多大臣都来进言规劝，宫门口和院子里像热闹的集市；几个月后，偶尔才有人进言规劝；一年以后，有人即使想规劝，也没有什么说的了。燕国、赵国、韩国、魏国听说了这件事，都向齐国朝拜。

邹忌实际上是在批评齐王，但是他知道如何提出意见才能让齐王接受。如果他当着这么多朝廷大臣的面说："你现在被人蒙蔽了都还不知道，国家还怎么治理呀。"齐王肯定会感到颜面扫地、自尊心大受伤害了，说不定盛怒之下邹忌的脑袋都可能保不住了，怎么还可能听得进去那些意见呢？所以，邹忌就从自己的情况说起，言下之意是受蒙蔽的事并不是只有齐王一个人遭遇着，每个人都有可能，这样一来，齐王不是很高兴地接受了吗？位高权重的皇帝如此，生活中的人也是这样的啊，因为每个人都有自尊心。

　　一个善良的人，懂得设身处地为别人着想，明白别人在被批评时的尴尬和难堪，所以他努力地化解这种难堪和尴尬，让别人能够从容地面对自己身上的不足。

保管好他人的秘密

周末，佳妮正躺在床上休息，突然接到好朋友林杉的电话："喂，佳妮，明天帮我给老师带张假条吧。我的脚底长了个鸡眼，明天爸爸带我去看医生。别给别人说啊，不然大家会笑话我的。"林杉小心地嘱咐道。

"呵呵，好的。"佳妮并没有把林杉的嘱咐放在心上。

过了几天，当林杉走进教室，女同学们立刻关切地围了上来。

"林杉，完全好了吗？"

"嗯。"林杉感激地点头。可后面同学的一句提问，让林杉的脸立刻红了起来。

"林杉，怎么会长鸡眼呢，是不是走路太重了？"

林杉红着脸，怨恨地看了佳妮一眼，佳妮却完全没有反应。

"林杉长鸡眼啦！哈哈哈……"后面的男同学突然指着林杉大笑起来。林杉的眼泪夺眶而出，佳妮愣在了那里。

你曾经将自己的秘密和朋友分享吗？如果他们无意间将你的秘密告诉别人，是不是就会失去你的信任？

同样的，一定也曾经有人将自己的秘密拿来与你分享，你很好地保管了这些秘密吗？

朋友把自己的"隐私"告诉了你，即使没有叫你保密，也证明了他对你的信任。如果不能做到保密，而是四处传播，将朋友的秘密公之于众，就可能给朋友带来伤害。

如果你无意间听说了某人的某个与你无关的秘密，即使大家都在热情地传播，你也不该轻易地参与。因为，一个秘密就是一个责任。

一个人急急忙忙地跑到一位哲学家那儿，说："我有个消息要告诉你……"

"等一等，"哲学家打断了他的话，"你要告诉我的消息，用三个筛子筛过了吗？"

"三个筛子？哪三个筛子？"那个人不解地问。

"第一个叫真实。你要告诉我的消息，是真实的吗？"

"不知道，我是从街上听来的……"

"现在你用第二个筛子。你要告诉我的消息如果不是真实的，至少也应该是善意的。"

那人犹豫地说："不，刚好相反……"

哲学家又打断了他的话："那么你再用第三个筛子。我要问你，使你如此激动的消息很重要吗？"

"不算重要。"那个人很不好意思地回答。

哲学家说："既然你要告诉我的事，既不真实的，也非善意，更不是重要的，那么就别说了吧！如此，那个消息就不会干扰你和我了。"

真是奇妙的三把筛子，让我们也用这三把筛子来检验一下自己的言行吧。

平等对待每一个生命

一个老人在门上挂了一则"出售小狗"的广告，没过多久，就有一个小男孩出现在广告牌下。他问："你的小狗卖多少钱？"

"30～50元不等。"

"我有5元，请允许我看看它们，好吗？"

老人带他到狗舍，去看那几只可爱的小狗。小男孩发现其中一只小狗远远落在后面，一条腿一跛一跛的。

"那只小狗有什么毛病吗？"

老人解释道："它天生就这样，医生说没法治好。"

小男孩说："就是那只小狗，我把它买了。"

老人说："如果你真的想要，我把它送给你好了。"

小男孩有些生气，他瞪着老人的眼睛说："我不需要你把它送给我，它应该和别的小狗值一样的价钱。我现在付5元，以后每月付10元，直到付完为止。"

老人劝说道："你真的用不着买这只狗，它不可能像别的小狗那样又蹦又跳地陪你玩儿。"

听到这句话，小男孩卷起裤脚，露出严重畸形的小腿。他的左腿是跛的，靠一根金属架支撑着。他看着老人，轻声地说道："我自己也跑不好，那只小狗需要一个理解它的人。"

你能理解小男孩的感受吗？

他畸形的小腿被他包裹、掩藏在裤腿里，他怀着一颗敏感的心，他知道自己和其他人的不同，可他很怕被当作一个异类。比如，上活动课时，他怕老师当着大家的面对他说："你的腿不好，就不要出去了。"做游戏时，他也想和正常的孩子一起尽情地奔跑，而不是站在一旁作裁判。他渴望着理解和参与，希望被平等地对待。

如果这个小男孩就在你的身边，玩丢沙包或跳格子的游戏时邀请他一起加入吧。没有什么比被平等地对待更能让他们感觉到幸福了。

琼斯降生时，他的双脚向上弯着，脚底靠在肚子上。医生说经过治疗，琼斯可以像正常人一样走路，但像正常人一样跑步的可能性微乎其微。琼斯3岁之前一直在接受治疗，经过按摩、推拿和锻炼，他的腿果然渐渐康复。七八岁的时候，他走路的样子已让人看不出他的腿有过毛病。有时走的路远一些，比如去游乐园或去参观植物园，小琼斯会抱怨双腿疲累酸疼。这时候父母会停下来休息一会儿，来点苏打汁或蛋卷冰淇淋，聊聊看到的和要去看的。他们并没告诉他，他的腿为什么细弱酸痛，也不告诉他这是因为先天畸形。其他的小孩子们做游戏的时候总是跑过来跑过去，毫无疑问小琼斯看到他们玩儿就会马上加进去跑啊闹的。父母从不告诉他不能像别的孩子那样跑，从不说他和别的孩子不一样。

七年级的时候，琼斯决定参加跑步横穿全美的比赛。每天他和大伙一块儿训练。也许是意识到自己先天不如别人，他训练得比任何人都刻苦。虽然他跑得很努力，可总是落在队伍后面，但父母并没有告诉他不要期望成功。训练队的前7名选手可以参加最后比赛，为学校拿分。父母没有告诉琼斯也许会落空，所以他不知道。他坚持每天跑4—5英里。有一次，他发着高烧，仍坚持训练。放学后父亲来到训练场，心想琼斯兴许不参加晚上的训练了，但父亲发现他一个人正沿着长长的林荫道跑步呢。两个星期后，在决赛前的3天，长跑队的名次被确定下来。琼斯是第六名，他成功了。他才是个七年级学生，而其余的人都是八年级的。

　　生命需要被平等地对待。想想看，如果琼斯的父母一开始就告诉琼斯，他不能像个正常的孩子一样长跑，琼斯就会失掉许多嬉戏玩耍的乐趣，也很难取得后面的成绩。平等地对待每一个生命，尤其是弱小的生命，给他们信念，就是给他们机会。

第十二章

打造善良的精神家园，不让杂草滋生

过分地计较让美好祝福变成可怕诅咒

如果你经常听到一个人在你耳边诉说他的烦恼，先别急着给予同情，想想看，使他烦恼的原因究竟是什么。因为真正烦恼缠身的人，十之八九不会有时间诉说烦恼，观察一下就会发现，许多人的烦恼完全是由于他自己的缘故。对得失的过分敏感和斤斤计较让他们患得患失、寝食难安，他们因此失掉了快乐，也远离了善良的本性。

比如，开运动会时，给获奖选手发奖品，恰好发到皮皮时，优质的钢笔发完了，只剩下普通的碳素笔，皮皮半天都闷闷不乐："凭什么我就要用不好的啊！"下雨了，妈妈把结实的伞拿给弟弟用，皮皮又不高兴了："为什么总要我让着他，当哥哥就没一点儿好！"如果皮皮把这样的抱怨说给你听，你怎么看呢？

《圣经》里有这样一个故事：天主清晨出去为自己的葡萄园雇工人，他与工人议定一天一个"德纳"，就派他们到葡萄园里去了。在第三时辰，他又出去，看见另外有些人在街上闲立着，就对他们说："你们也到我的葡萄园里去吧！一天我给你们一个'德纳'。"他们就去了。在第六和第九时辰，他又出去，也照样做了。到了晚上，葡萄园的主人对管事的人说："你叫他们来，分给他们工资，由最后来的开始，直到最先来的。"

那些约在第十一时辰来的人，每人领了一个"德纳"。那些最先雇来的人，心想自己必会多领，但他们也只领了一个"德纳"。最先来的工人们一领到钱，就抱怨主人，说："这些最后雇的人，不过才工作了一个时辰，而你竟将他们与我们这些受苦受热一整天的人同等对待，这公平吗？"他答复其中的一个说："朋友！我并没有亏待你，你不是和我议定了一个'德纳'吗？拿你的走吧！我愿意给最后来的和给你的一样，这难道不是我的权利吗？难道因为我对别人好，你就眼红吗？"

付出一样，收获却大有不同，生活里这样的例子有很多，《圣经》里摘葡萄的故事只是对这个现象做了一个更加夸张的描述而已。比如，弟弟比皮皮晚出生，皮皮为父母分担了更多，弟弟却"不劳而获"地收获到了父母更多的爱，在皮皮看来这也许不公平，却又是绝对合理的，因为弟弟年纪小，他的确需要更多的关爱。还有比如排队买西瓜，到你前面的那个人时，只剩下一个最小的了，那个人虽然不满意，可毕竟比排半天什么都没买上的人要强许多，于是他还是开心地为那个最小的西瓜付了钱。那个人正要抱着西瓜乐滋滋地离开，你正要无奈地空手而归时，超市又运来了一车新的西瓜。这时，你前面的那个人开始愤愤不平，他吵嚷着要退货想再买一个，那样的话他就得重新排队，可是等下次排到他时，也许连小西瓜也没有了。你则乐呵呵地转忧为喜。一秒钟的工夫，悲喜就完成了转换。

这里面有什么公平可言呢？完全是偶然而已。有时，平衡自己的内心，比什么都重要，否则就会陷入斤斤计较的旋涡中去，甚至还可能给自己带来麻烦。

从前，有两位很虔诚、很要好的教徒，决定一起到遥远的圣山朝圣。两人背上行囊、风尘仆仆地上路，誓言不达圣山朝拜，绝不返家。两位教徒走啊走，走了两个多星期之后，遇见一位白发年长的圣者。圣者看到这两位如此虔诚的教徒千里迢迢要前往圣山朝圣，就十分感动地告诉他们："从这里到圣山还有10天的脚程，但是很遗憾，我在这十字路口就要和你们分手了。在分手前，我要送给你们一份礼物！什么礼物呢？就是你们当中一个人先许愿，他的愿望一定会马上实现；而第二个人，就可以得到那愿望的两倍！"此时，其中一个教徒心里一想："这太棒了，我已经知道我想要许什么愿，但我不要先讲，因为如果我先许愿，我就吃亏了，他就可以有双倍的礼物！不行！"而另外一个教徒也自忖："我怎么可以先讲，让我的朋友获得加倍的礼物呢？"于是，两位教徒就开始客气起来："你先讲嘛！""你比较年长，你先许愿吧！""不，应该你先许愿！"两位教徒彼此推来推去，"客套地"推辞一番后，两人就开始不耐烦起来，气氛也变了："你干吗！你先讲啊！""为什么我先讲？我才不要呢！"两人推到最后，其中一人生气了，大声说道："喂，你真是个不识相、不知好歹的人，你再不许愿的话，我就把你的狗腿打断，把你掐死！"另外一个人一听，没有想到他的朋友居然变脸，竟然来恐吓自己！于是他想，你这么无情无义，我也不必对你太有情有义！我没办法得到的东西，你也休想得到！于是，这个教徒干脆把心一横，狠心地说道："好，我先许愿！我希望我的一只眼睛瞎掉！"

很快地，这位教徒的一个眼睛瞎掉了，而与他同行的好朋友，也立刻两只眼睛都瞎掉了！

是过分地计较让美好的祝福变成了可怕的诅咒。

除非你承认，否则没人能贬低你

我们生活的世界是一个物质和精神的统一体。常常，因为生活的困窘或是出身的平凡，我们随意贬低自己的价值，让精神卑躬屈膝。而事实上，没有什么能够妨碍我们拥有高贵的精神。

有一个小男孩在孤儿院长大，他常常为自己的出身而自卑。有一次他悲观地问院长："像我这样没有人要的孩子，活着究竟有什么意思呢？"院长笑眯眯地对他说："孩子，别灰心，谁说没有人要你呢？"一天，院长亲手交给男孩一块普通的石头，说道："明天早上，你拿着这块石头到市场去卖，但不是真卖。记住，无论别人出多少钱，绝对不能卖。"

男孩一脸迷惑地接下了这块石头。

第二天，他忐忑不安地蹲在市场的一个角落里叫卖石头。出人意料的是，竟然有许多人要向他买那块石头，而且一个比一个价钱出得高。男孩记着院长的话，没有卖掉石头。回到院里，他兴奋地向院长报告。院长笑笑，要他明天拿着这块石头到黄金市场去叫卖。在黄金市场，竟然有人出比昨天高出 10 倍的价钱要买那块石头，男孩拒绝了。

最后，院长叫男孩把那块普通的石头拿到宝石市场上去展示。结果，石头的身价比昨天又涨了 10 倍。由于男孩怎么都不卖，这块石头被人传扬成"稀世珍宝",参观者纷至沓来。

男孩兴冲冲地捧着石头回到孤儿院,他眉开眼笑地将一切情景报告给院长。院长亲切地望着男孩,说道:"生命的价值就像这块石头一样,在不同的环境下会有不同的意义。一块不起眼的石头,会因你的惜售而提升它的价值,甚至被说成稀世珍宝。你不就像这块石头一样吗?只要自己看重自己,自我珍惜,生命就有意义、有价值。"

任何东西都有自己的价值,哪怕只是一块普通的石头。一个人只有懂得尊重自己,才能为自己赢得更多的尊重。一棵顽强生长的小草和一株垂头丧气的柳树,哪一样更能赢得你的赞叹和爱惜呢?

一个下着小雨的中午,车厢里的乘客稀稀落落的。车停了,上来一对残疾的父子。中年男子是个盲人,而他不到十岁的儿子呢,则只剩下一只眼睛略微能看到东西。父亲在小男孩的牵引下,一步一步地摸索着走到车厢中央。当车子继续缓缓往前开时,小男孩开口了:"各位先生女士,你们好,我的名字叫林平,下面我唱几首歌给大家听。"接着,小男孩用电子琴自弹自唱起来,电子琴音乐很一般,但孩子的歌声有着天然童音的甜美。正如人们所预料的那样,唱完了几首歌曲之后,男孩走到车厢头,开始"行乞"。但他手里既没有托着盘,也没有直接把手伸到你前面,只是走到你身边,叫一声"先生"或"小姐",然后默默地站在那儿。乘客们都知道他的意思,但每一个人都装出不明白的样子,或干脆扭头看车窗外面……

当小男孩两手空空地走到车厢尾部时,旁边的一位中年妇女尖声大嚷起来:"真不知道怎么搞的,现在的乞丐这么多,连车上都有!"

这一下,几乎所有的目光都集中到这对残疾父子的身上。没想到,小男孩竟表现出与年龄极不相称的冷峻,一字一顿地说:"女士,你说错了,我不是乞丐,我是在卖唱。"

顿时,车厢里所有淡漠的目光一瞬间变得生动起来。有人带头鼓起了掌,然后是掌声一片。他们为小男孩对自尊的坚持而感动。

想想生活里的自己，你是否因为一个人衣衫褴褛，就厌恶与他同行；你是否因为一朵花将要败落，就否定它的美丽？

你知道吗？每个人都不卑微。除非你承认，否则，没有人能够贬低你。不论发生什么情况，你永远都是上苍赐予世间的一块珍宝。

给自己一个不去嫉妒的理由

在家里，或许我们是姥姥也疼、舅舅也爱的宝贝，可到了班里，我们所有的特质和优点又都会一下子变得平常起来，引以为傲的大眼睛会变得排不上号，自以为最棒的书法只能数二数三。当熟悉的赞美纷纷扬落在了别人身上时，失落会不会演变成为一种嫉妒呢？

如果一个人的心陷入嫉妒中，他的思想和行为就都会偏离正常的轨道。莎士比亚曾经说过："像空气一样轻的小事，对于一个嫉妒的人，也会变成天书一样坚强的确证，也许这就可以引起一场是非。"

你身边有习惯嫉妒别人的人吗？喜欢嫉妒的人最爱做的一件事就是自欺欺人，他们习惯于轻易地否定别人的成绩，即使自己做得不够好，也总能找出一堆理由来搪塞。长此以往，既不学习别人的长处，也不弥补自己的不足，嫉妒成了自己酿下的一颗毒药，最终伤害的也是自己。

菁菁是某中学初二年级的学生，她学习成绩优秀，工作积极主动，但为人多疑、爱嫉妒，同学关系极差，最后发展到班上没人理她，竞选班长时因没有人投她票而落选。菁菁认为她的落选是这次当选为班长的张洁搞的鬼，于是装病请假回寝室，把张洁的衣服全扔到地上踩踏，还觉得不解气，随后又用剪刀把一条裙子剪成一条条的……

如果像菁菁一样让嫉妒在自己的心里安家，健康和快乐就都会和我们擦身而过了。历史故事中，因嫉妒而发生的悲剧的也不在少数。

《三国演义》中，足智多谋的诸葛亮处处高周瑜一筹，这使得嫉贤妒能的周瑜寝食难安，最终被活活"气死"。实际上气死他的并不是诸葛亮，而是他自己。可悲的是，周瑜在临死前都没能认识到自己的致命弱点，反而发出"既生瑜，何生亮"的感叹。

嫉妒心理就像一台烦恼制造机。当我们不由自主地又要拿别人的长处来和自己作一番比较时，要当心啊！嫉妒这架烦恼制造机就要开始它的工作了。过度的好强如果没有一个豁达的心胸作后盾，我们就会不由自主地走进死胡同里，把自己撞得晕头转向。这时，不妨换个心境，给自己一个不去嫉妒的理由，比如，想想自己其他方面的长处，长得不漂亮可是性格很随和，数学总不及格可是英语很棒……当心情舒畅一些以后，可能不用别人提醒，我们就会远离嫉妒了。另外，我们还可以积极参与各种有益的活动，把精力投入到学习中，使自己真正充实起来，这样嫉妒也自然而然地会远离我们。

每个人来到这个世界，都是独一无二的。嫉妒别人实际上就等于在否定自己。善良在给你一颗宽广的心胸的同时，也一定会赋予你一个智慧的头脑，教你明白：要远离嫉妒的困扰。

人生不是演出，请摘下虚伪的面具

这是一则在哈佛教育学院无人不知的著名故事。

1998 年 11 月 9 日，美国犹他州土尔市的一位小学校长——42 岁的路克，在雪地里爬行 1.6 公里，历时 3 个小时去上班，受到过路人和全校师生的热烈欢迎。原来，这学期初，为激励全校师生的读书热情，路克曾公开打赌：如果你们在 11 月 9 日前读书 15 万页，我将在 9 日那天爬行上班。

全校师生猛劲读书，连校办幼稚园大一点儿的孩子也参加了这一活动，终于在 11 月 9 日前读完了 15 万页书。有的学生打电话给校长："你爬不爬？说话算不算数？"也有人劝他："你已达到激励学生读书的目的，不要爬了。"可路克坚定地说："一诺千金，我一定爬着上班。"11 月 9 日，与每天一样，路克于早晨 7 点离开家门，所不同的是他没有驾车，而是四肢着地，爬行上班。为了安全和不影响交通，他没在公路上爬，而在路边的草地上爬。过往汽车向他鸣笛致敬，有的学生索性和校长一起爬，新闻单位也派人前来采访。

经过 3 个小时的爬行，路克磨破了 5 副手套，护膝也磨破了，但他终于到了学校，全校师生夹道欢迎自己心爱的校长。当路克校长从地上站起来时，孩子们蜂拥而上，抱他，吻他……

人无信则不立，这是千万年来永恒不变的做人之根本。古今中外的人无一不把守信看作一名君子必备的品质。为了实现许下的诺言，他们可以不惜一切代价，这就是人格魅力的闪现。

做人，无论在怎样的情况下，都应该真诚，不应当虚伪，这是每个人都明白的道理。可是我们生活中有很多不尽如人意的现象存在。读了路克校长的故事后，我们只有不断地清理自己的心灵，让自己的内心深处多一些真诚，少一些虚伪，才能成为一个真正大度的人。

人生毕竟不是一场演出，不能仅用戴着面具的表演来搪塞。在与人交往时，应该以真面目示人，否则只能伤人又伤己。因此，虚伪者应注意自我调适，通常可以采用以下方法进行：

第一，遇事时和朋友换位思考，推己及人，仁爱待人，就可能得出不同的结论，改变已有的不正确做法，这样就会多一分理解，少一分对立。关键靠自己的一份诚心，要让别人看到你的诚意。

第二，鼓励自己表现真实的想法。如果自己的想法比较尖锐或者容易伤害别人，不妨用委婉的方式说出；如果不想说出来也不要勉强自己，可以保持沉默，但尽量不要欺骗他人，更不要为了取悦他人而说出虚假的赞美之词。

第三，建立成熟的自我观，拥有属于自己的对于世界和周围人的看法，不被他人的意见左右，也不屈从于他人的价值观。做人做事参照自己的标准，不勉强屈己服人。

猜疑是变友为敌的导火索

你也许遇到过这种情况：学校里，当你遇到老师或同学时，你微笑着向他们打招呼，可他们没反应，甚至连笑容也没有。如果你因此而联想下去，心里嘀咕，他们为什么要这样对待自己？这个人对自己是不是有意见？是轻视自己吗？我什么时候得罪他了……你将会陷入猜疑的旋涡中不能自拔，最终会使自己身心受到重创。

有两个十分要好的朋友，彼此不分你我。有一次他们去沙漠旅行，不小心迷了路，干渴威胁着他们的生命。上帝为了考验他俩的友谊，就对他们说："前面的树上有两个苹果，一大一小，吃了大的就能平安地走出沙漠。"两人听了，匆匆忙忙向前走，果然发现有棵树上挂着两个苹果，一大一小。他们都想让对方吃那个大的，坚持自己吃小的。争执到最后，谁也没说服谁，两人都在极度的劳累中迷迷糊糊睡着了。

不知过了多久，其中一个突然醒来，却发现他的朋友早已离开。于是他急忙走到树下，摘下剩下的苹果，一看，苹果很小。他顿时感到朋友欺骗了他，便怀着悲愤与失望的心情向前走去。

突然，他发现朋友在前面不远处昏倒了，便毫不犹豫地跑了过去，小心翼翼地将朋友轻轻抱起。这时他惊讶地发现：朋友手中紧紧地攥着一个苹果，而那个苹果比他手中的小许多。

由于多心、猜忌，他误会了好朋友，他对自己怀疑善良的朋友而悔恨不已。

如果世界上还有比痛苦更坏的事，那么，它毫无疑问就是猜疑了。

猜疑是破坏团结的祸根，是变友为敌的导火索。猜疑时时啃噬着人的心灵，使人坐卧不安、丧失理智，失去朋友和快乐而不自省。因此，消除猜疑之心是保持心理健康、生活幸福的法则之一。

那么，青少年朋友应该如何矫正自己的猜疑心理呢？

第一，优化个人的心理素质，拓宽胸怀，来提高对别人的信任度和排除不良心理。

第二，摆脱错误思维方法的束缚。猜疑一般总是从某一假想目标开始，最后又回到假想目标。只有摆脱错误思维的束缚，走出先入为主的死胡同，才能促使猜疑之心在得不到自我证实和不能自圆其说的情况下自行消失。

第三，敞开心扉，增加心灵的透明度。猜疑往往是心灵闭锁者人为设置的心理屏障。只有敞开心扉，将心灵深处的猜测和疑虑公之于众，增加心灵的透明度，才能求得彼此之间的了解与沟通，增加相互的信任，消除隔阂，获得最大限度的谅解。

第四，无视"长舌人"传播的流言。猜疑之火往往在"长舌人"的煽动下才越烧越旺，致使人失去理智、酿成恶果。因此，当听到流言时，千万要冷静，谨防受骗上当。

第五，当我们开始猜疑某个人时，最好先综合分析一下他平时的为人、经历以及与自己多年共事交往的表现。这样有助于将错误的猜疑消灭在萌芽状态。

产生了猜疑心，你可以有所警惕，但不要表露于外。这样，当猜疑有道理时，你因为作好了准备而免受其害；而当这种猜疑毫无道理时，就可以避免误会好人。

第十三章

行善莫忘自我保护

有所预料，才能坦然面对欺骗

这个世界上有时也会有欺骗。

我们的眼睛有时会欺骗我们，因为眼睛看到的往往是表面的现象，而那些行骗的人知道怎样才能博取别人的同情，骗得别人的信任，然后伪装自己。谁都知道，一个成功的人总是衣着光鲜、容光焕发的，而一个可怜的人总是衣不蔽体、神色可怜。这些生活的常识使得那些别有用心的人像变色龙一样，随心所欲地变成自己需要成为的那种人，当然，只是在表面上。如果有一天你得知了真相，知道自己受了欺骗，一定会觉得自己受到伤害了，下次再遇到那些可怜的人时，便不肯再伸出援手。

但是，你从另一个角度来看就不一样了。看看下面这个故事吧。

城市中，在繁华的街道或者天桥上，常常有许多10岁左右的孩子可怜兮兮地坐在地上等待人们去帮助。他们的面前总是会有一个纸板，上面写满了字，说自己并不是乞丐，只是因为家里没有钱所以辍学了，希望好心人能给他一些钱帮他完成学业，以后会更好地报答社会，等等。有一个人，每次在路上碰到这些小孩子总是感慨一番，然后给他们10块钱，长年累月都这样。

有一次，他又在一个小女孩面前放了10块钱，他身边的朋友忍不住笑他傻："那些很多都是骗人的，就是变相的乞丐，哪里有那么多失学儿童被你碰到？"

他一笑，说："我知道。"

"你知道?"朋友很惊奇。

"对,我知道并不是每个孩子都是真的失学儿童,但是只要我遇到就得帮助他们。至于那些伪装成乞丐的人,他们既然选择了这个方式乞讨,那他们自己至少在精神上已经是真正的乞丐了。我不能因为他们而不去帮助那些真正渴望进入学校上学的孩子。"

这个人并非不知道自己成为某些人欺骗的对象,但是因为早已预料到了这种情况,所以没有觉得受到伤害,而是用一种更巧妙的方式将自己保护了起来。他不会让那些"变色龙"妨碍他去帮助那些需要上学的孩子们。他把眼睛放在那些需要帮助的人身上,而不是那些伪装的人身上,所以可以坦然地面对这个复杂的世界。

这个世界总是鱼龙混杂,但是,如果只因为其中一部分人的欺诈而把所有人全部拒之门外,那么最终那部分真正需要帮助的人也会受到损害,这是善良的心所不能容忍的。最好的保护自己的方法,不是把自己的心一层层地裹起来,而是早已在心中作好准备,知道这个世界并不是完美的,但这不完美不过是白璧微瑕。这样,即使受到欺骗,也只是把他们归入那点"瑕疵"之中,不会动摇你在未来继续帮助别人的信念,你那颗善良的心依然可以在别人需要的时候大放光芒。

善于识别真假，别做"东郭先生"

　　善良的心，对外面的世界总是不设防的，它相信世界的美好，并愿意献出自己的爱心来照亮这个世界。但世界太大，比我们想象的要复杂，有很多很多东西是我们未知的。每个人都有自己的人生遭遇，在这些遭遇中有些人可能误入歧途，变得习惯于利用别人的善良来达到自己的目的。一不小心，我们就可能被人利用，或者好心办了坏事。所以要守护住自己的善良，就先要给它一双能识别真与假的慧眼，就像孙悟空的火眼金睛，看看哪些是真的需要帮助的人，哪些是伪装来欺骗我们的，以防上当受骗。

　　你听过东郭先生与狼的故事吧？善良的东郭先生救了狼，却被反咬一口，差点儿丢了性命。那些别有用心的人在需要你帮助的时候，会摆出一副柔弱的样子，赢得你的同情，一旦恢复了力气，就会换上另一副面孔。这种恩将仇报的故事在生活中也时有发生，所以我们一定要警惕，不要被坏人利用。

　　在一个善良的人眼中，世界是美好的。但是人心难测，中国有句话，叫作"害人之心不可有，防人之心不可无"，说的就是这个道理。在帮助别人之前，一定要先保护好自己，不要让坏人得逞。

　　但是怎样才能识别呢？坏人并不会在脸上贴标签，而总是伪装得很巧妙。重要的一点是不要给别人伤害自己的机会。你可以给一个迷路的人指路，但是当他提出其他的要求时就要小心了，比如说给他钱或带他回家。

给你讲一个聪明的孩子的故事吧。

一天，小毛正要出门，看到楼道里有个人在那里来回走。那人看到小毛，忙走上来说："小朋友，我是来找你隔壁的一个叔叔的，他还没回来，能到你家坐一会儿吗？"

见小毛有点儿犹豫，那个人又说："放心吧，我不是坏人。这是我的名片。"说着递过一张名片，然后就侧身进了门。

小毛看了看名片，只得跟着进了门。那个人笑眯眯地看着房子，赞叹说："这房子不错啊。小朋友，你爸爸妈妈呢？"

小毛说："他们上班去了。"然后问他："叔叔，你和隔壁的黄叔叔是好朋友吗？"

那人忙点点头："对啊，我们以前一起读过书。"

小毛想了想，说："叔叔您先坐着，我下去买瓶水。"

小毛出了门，把门反锁上，然后跑到楼下，找到公用电话报了警。那个人果然是个惯犯，偷过好多东西。警察直夸小毛聪明，还问他是怎么认出来的。

小毛笑着说，"他名片上写自己是一个总经理，那怎么会连皮鞋都不擦干净呢？他的眼睛还在我家四处瞟。后来我跟他谈起隔壁的黄叔叔，他说是朋友，可是隔壁的叔叔根本就不姓黄。"

你看小毛多聪明，他在坏人的伪装之下看到了破绽，用自己的智慧把"狼"困在屋子里，使得邻里和自家都免于被偷。要是他一直把那个人留在家里，无意中帮了那人偷窃东西，那就是真正的助纣为虐、引狼入室了。

但是，如果你的爱心在某一次帮助别人时受了欺骗，也请不要伤心，更不要对这个世界失望。世界上有好人当然也会有坏人，那些坏人也并非无药可救。而且请相信，好人一定比坏人要多。当你为此而沮丧时，想想你那颗心曾经帮助过多少人吧，这样，当下一次再看到一双求助的眼睛时，你会再次微笑着伸出你的手。只是这时的你，已经学会了保护自己。

做到力所能及，你就是最棒的

善良之可贵，在于它是源自心中爱的流露。善行无所谓大小，只要你做到了你能做到的，你就是最棒的。每个人的能力是有限的，而且彼此不同，所以在帮助别人上有各自不同的方法。看到别人需要你的帮助，但如果你帮助他可能会给自己带来危险，该怎么办呢？每个人最先考虑的是自己的安危，这是无可厚非的，你不必为此自责。但是你有一颗聪明的脑袋，不是吗？你一定能够想出好的办法，在帮助别人脱离险境的同时，保证自己的安全。

在公交车上，看到一个小偷在偷一个阿姨的钱包，别人都没发现，该怎么办呢？如果你大叫一声："有小偷！"那个小偷可能会住手，你确实也做了　件好事。但这时，你却把自己推到了一个危险的境地中。万一小偷下车后来找你报复怎么办？他人高马大，你怎么可能对付得了他呢？

但是不阻止，难道就这样眼睁睁地看着小偷偷钱？别着急，你一定能想出更好的办法。你可以装作不知道地走到阿姨身边，对她说："阿姨，我忘记带钱包了，能帮我买一张车票吗？"或者说："阿姨，您的包是哪里买的？我妈妈一直想要一个这样的。"这个时候，阿姨就会去注意她的包或钱包，小偷听见了也会收手。这样，不是更好吗？当然啦，你也可以下车后记下车牌号，然后用公用电话报警，告诉警察叔叔那辆车上有一个小偷，让他们去抓。这些做法都是在保护自己的同时巧妙地帮助了别人。

帮助别人有很多方法，有些时候只是举手之劳而已，比如帮生病的同学买饭，帮忙得不可开交的课代表收作业，这些是日常生活中最普通的，根本就不用想怎么去做，自己也不会有什么危险。但是生活有时也会有一些突如其来的事情让你猝不及防，这时你就不能用原来的思维去行事了，必须要考虑到自身的安危。如果你在公园里听到有人喊救命，跑过去一看，原来是一个人落水了，旁边的人也都跟着干着急，没人下去救。你也很着急，可是你又不会游泳，那该怎么办呢？你发现不远处的树下有根长长的竿子，突然就有了主意。你把竹竿拿来，另一端送到落水者那里，人不就上来了吗？只要能把人救上来，你跳下去救和用这种方式救有什么区别呢？

有一个森林里的故事，就告诉我们这个道理。

有一天，小猴家起火了，小熊帮着把东西往外搬，小松鼠把尾巴沾湿了帮忙灭火。小蛇很怕火，也不知道该怎么帮忙，在旁边急得团团转。眼见火越来越大，它突然有了主意，和同伴一起接了一条长长的管子，从河里一直到小猴家。管子里喷出来的水很快就把火扑灭了。小蛇虽然不能亲自提水，但是它想出了一个聪明的办法帮助了小猴，不是吗？

人没有鸟的翅膀，却比鸟儿飞得还要高；人没有骏马的四条腿，却可以比马儿跑得还要快。这都是因为人有一颗聪明的脑袋，发明了飞机和火车。现实生活中，如果我们没有办法挺身而出直接帮助别人，就要像一休哥那样动动脑筋，用自己的方式来帮助别人。做你能做到的就好，你就是最棒的！